마음 닦는 법

김재웅 지음

책을 내면서

 인생을 살면서 어려움을 겪을 때나 격분할 때, 어떻게 마음을 다스립니까? 입을 통해, 행동을 통해 실행하는 육신은 어떻게 다스립니까? 일어나는 마음을 참고 자제하고 견디고 하심하고 바치면 길이 보일 것입니다. 이런 수행이 생활 속에서 이어지는 사람은 능력을 갖출 것입니다.

 우리가 이생을 다 살고 떠날 때 한 장의 성적표를 남기고, 또한 그것을 가지고 갑니다. 기록 내용은 죄 지은 것, 선행하고 복 지은 것, 그리고 자신의 마음을 닦은 것. 매일 매일 어떻게 살아야 하겠습니까?

이 책은 제가 대중들에게 했던 금강경 강의 중에서 뽑은 것입니다. 1998년부터 논산훈련소와 군부대에 주머니용으로 150만부를 김응 군법사님의 주도로 보시하였습니다. 군인들이 이 책을 통해 많은 위로를 받았었습니다. 시중의 많은 분들과 만나기 위해 이 책을 냅니다.

2013년 2월 5일

김재웅 합장

차 례

1. 복에 대하여   7

2. 몸에 대하여   27

3. 인간관계에 대하여   43

4. 사회생활에 대하여   59

5. 왜 마음을 닦아야 하는가   75

6. 어떻게 마음을 닦을 것인가   97

7. 삶의 목표   125

부록 성현의 말씀   147

이 세상 일들이 펼쳐지는 것은
그대 마음 닦은 대로의 표현이다

1. 복에 대하여

모든 사람들이 잘살기를 원하나 잘살 원인을 지어야 한다. 부단히 복 짓기를 원 세우고 실행이 이어지면 자기의 복그릇이 커진다. 또 물질을 소중히 여기는 마음이 바로 복이 된다. 돈을 헤프게 쓰면 돈의 신神이 나간다. 음식도, 전기도 무엇이든 중하게 여겨 절약하는 마음에 복이 온다. 복은 누구에게 달라고 하는 것이 아니라, 적극적으로 지어야 하고, 지은 만큼 받을 뿐이다.

　복을 많이 지은 이는 경제 한파 속에서도 마음이 든든한데, 복 지은 것이 없는 이는 경제 한파가 몰아칠수록 가슴이 후르르 떨린다.

  무엇이든 내 주머니에 넣으면 내 것이라고 생각하는 마음은 도둑놈 마음이다. 일확천금을 바라는 마음도 도둑놈 마음이다. 노력과 대가는 지불하지 않고 욕심만으로 내 것으로 만들려고 한다.

  남을 돕겠다는 마음이 복이 된다. 부처님께도 바라는 마음을 내기보다는 감사한 마음, 받들어 모시는 마음을 내야 한다. 우리와 같은 시기에 살면서 중병으로 고생하는 이도 있고, 실직해서 어려운 이도 있고, 사업을 하다 재산을 잃어서 고통에 빠져 있는 이도 있는데, 우리는 얼마나 행복한가. 이 고마움은 모르고 '부처님 직장 한 단계 더 오르게 해주십시오. 돈을 더 많이 벌게 해주십시오. 우리 아이 좋은 학교에 가게 해주십시오.' 하며 바라는 마음만 낸다면 일이 잘 안 된다. 빈 마음이라도 부처님 받들어 모시는 마음을 내야 부처님을 모시는 불보살님들이 기특

해서 그 사람을 도와주기 때문이다. 감사한 마음을 연습할수록 복이 된다.

소년소녀 가장들과 한 동네에서 태어난 인연은 지중하다. 그들은 남이 아니라 전생에 내 자식이었거나 후생에 내 자식 될 인연인지도 모른다. 더 좋은 옷과 음식과 자동차를 취하느라고 우리는 늘 바쁘고 돈이 모자란다. 내가 쓸 것을 조금만 아껴서 그들을 돌본다면, 그들을 도울 때 느끼게 되는 정신적인 풍요는 어떤 오욕락(재욕, 성욕, 음식욕, 명예욕, 수면욕)으로도 맛볼 수 없는 것이다.

인과因果에는 에누리가 없다. 복을 지으면 복을 받고 업을 지으면 업을 받는다. 그러나 업을 지었더라도 복을 지으면 업이 녹아내린다. 50 후반에서 60 초반의 대구에 사는 기독교 신자 세 분이 아이들을 다 키워놓고 남편에게 허락을 받아 30일 가운데 20일을 봉사활동을 했다. 한 사람이 한 달에 15~20 가정씩을 맡아 다니면서 혼자 사는 노인들을 위해 빨래와 청소도 해주고, 기름 없는 집에 기름도 넣어주고, 밑반찬도 해주고, 김치도 해주면서 한 7년을 이렇게 바쁘게 살았다. 얼마나 보람 있고 향기로운 삶인가. 그런데 어떤 밝은이가 보니 그이들이 과거 생에 지은 업이 남을 정성껏 보살핀 공덕으로 싹 닦였다고 한다.

사업을 시작하기 전에는 우선 자신의 복력을 깨쳐보아야 한다. 돈이란 복력에 의해 벌어지는 것이지 의욕만으로 되는 것이 아니다. 일에 대한 탐심(욕심내는 마음), 즉 무슨 일이든 하겠다는 마음을 내서는 안 된다. 나의 체력, 능력, 시간으로 할 수 있는 것인지 생각해보고 불가능하다면 시간과 여유를 두어서 하여야 한다. 무조건 밀어붙인다고 일이 되는 것이 아니다. 일을 할 때에 마음이 조급하면 마음의 탐심 때문에 반드시 실패한다. 그때는 그 마음을 바치고 금강경을 읽거나 마음을 쉬게 하여 원을 세운 다음 시작하여야 한다. 일은 마음이 성취하는 것이지 육신이 간다고 해결되는 것이 아니다. 마음이 급해서는 되는 일이 없으니, 그 마음을 쉬게 하여 탐심을 깨쳐야만 일이 쉽게 이루어진다.

 장사하는 이가 장사가 안 될 때 손님이 없다고 하는 그 짜증난 마음을 안고 있으면, 그 한 마음이 일으킨 파장이 가게 안팎을 짜증스런 분위기로 가득 채워서, 손님이 오고 싶다가도 그 파장을 느끼면 예민한 것이 사람의 마음이라 오지 않게 되며, 온다 해도 얼른 나가게 된다. 짜증스런 마음이나 궁리를 바치는 것이 손님을 부르는 실행이다. 또 장사가 안 된다는 생각은 금물이다. 그런 말은 입 밖에 뱉지도 말고 누가 물을 때도 잘 된다고 하는 것이 좋다. 그리고 실제로 잘 된다는 마음을 가지고 있어야 한다. 결국 잘 된다고 하는 자기 마음연습이 일을 성취하기 때문이다.

 이 세상일들이 펼쳐지는 것은 그대 마음 닦은 대로의

표현이다. 그대가 집착할 때 세상은 그대로 컴컴해지고, 그대가 집착에서 벗어날 때 세상은 그대로 밝다. 이 세상은 모든 것을 갖추고 있다. 사람들이 구하는 것은 다 충족되어 있다. 그런데 구하지만 안 되는 이유는 스스로의 마음속에 '안 된다.' 하는 진심(성내는 마음)이 있기 때문이다. 마음에 '안 된다.'는 진심이 없으면 일은 되어진다.

도통도 사전의 준비가 있어야 이루어지듯 세상 모든 일이 준비성 있는 원과 행동으로 이루어지는 것이기에, 아무리 어려운 일이라도 그에 상응하는 철저한 준비를 해둔다면 그 일에 임해 여유가 있고 성공시킬 수 있을 것이다.

배우자를 구하거나 친구를 사귈 때 또는 사원을 고용할 때도 복이든 지혜든 같은 정도끼리 모인다. 말 그대로 유유상종이다. 부모를 만나는 것도, 장사가 잘되고 못되는 것도 복 지은 정도에 달려있다. 복력에는 한 치의 오차도 없다. 다 자기 복 지은 정도만큼 받고 또 만나는 것인데 누구를 원망하고 탓할 것인가. 그러니 오늘과 내일을 위해서 '부처님 전에 복 많이 짓기를 발원.' 하고 부지런히 원 세울 일이다. 원을 세우면 복을 지어야 하겠다는 자각이 생기고, 또 복을 지을 수 있는 여건이 생긴다.

하고 싶거나 안 되는 일이 있을 때는 원을 세운다. 자기의 복에 넘치는 것은 이루어지지 않지만 자꾸 복을 지어서 그 일이 이루어질 만큼 복이 차면 원은 꼭 이루어진다. 부처님 법이 참으로 불가사의한 것이, 아무리 자기의 마음에 없는 말이라 해도 부처님 앞에서 크고 밝은 원을 세우면 그것이 결국에는 현실로 되는 것이다.

자기 복은 남 주질 못하고, 남의 복은 자신이 갖질 못한다. '수양산 그늘이 강동 팔십리'란 말이 있듯 가족 중에 한 사람이라도 복 지은 이가 있다면, 그 복력의 혜택을 여러 사람이 입는다. 그러나 복을 남에게 줄 수는 없다. 짓지 않은 복은 있을 수 없다. 복은 늘 지어야 한다. 또 재앙이

닥치면 복 그릇에 구멍이 뚫리므로 아침저녁 금강경 잘 읽고 방심치 않는 마음으로 잘 바쳐야 담긴 복이 유지된다.

한 도인이 어떤 집에 들렀는데, 가족들이 박복상인데도 잘살기에 이상해서 살펴보니, 그 집에서 키우는 개가 복을 많이 짓고 왔다. 개의 복력으로 그 집 사람들이 잘 사는 경우다.

봉급을 받을 때마다 봉급의 3배를 그 회사에 벌어주는 마음으로 일했나 하고 되돌아 볼 수 있는 이는 현명한 사람이다. 모두 원인 지은 대로 결과를 받기 때문이다. 일을 꼭 그렇게 한다기보다 마음을 그렇게 한다면 모든 일에 세심한 신경을 베풀고 철저를 기할 수 있는 것이다. 그러한 태도는 주위의 분위기에도 영향을 주어 본인과 함께 여러 사람들을 복 짓게 할 것이다. 그렇게 지은 복은 남이 받는 것이 아니라 자신이 받는다. 그러니 복 지었다고 생색낼 필요도 없는 것이다.

예전에 어떤 도인은 목말라 애타다 물을 구해 마시게 되면 남은 물은 "목마른 사람 먹어라." 하고 버리라고 하셨다. 그런 사람이면 다시는 목마른 보報를 받지 않는다는 것이다. 그러나 달게 물을 마시고 남은 물을 여지없이 확 쏟아버리는 마음은 다시 목마른 보를 받게 된다고 하셨다.

 필요치 않은 물건은 나누어 주고, 보시는 갚을 수 없는 사람에게 하여야 한다. 갚을 수 있는 사람에게 보시를 하게 되면 보수나 공덕을 바라는 마음이 생긴다. 자신의 탐심(욕심내는 마음)을 닦기 위해 준다는 마음을 내되, 자신에 대해서는 철저히 하여야 한다. 무엇이든지 남에게 준다는 마음을 연습하여야 자신이 좋은 것을 받을 수 있는 원인을 현재에도 미래에도 심어가는 것이다.

 부자 마음은 무슨 일이든 내 일이라고 생각하는 마음이다. 남의 일이든 나의 일이든, 좋은 일이든 궂은일이든,

부지런히 육신을 놀리지 않고 일을 찾아서 하는 마음이면 그 마음 따라 부자가 된다.

 이웃과 더불어 밝고 후복해지려고 애쓰면 자기의 마음 그릇도 그만큼 크고 넓어진다. 그런 마음이 복 짓는 마음이고 주인 마음이다.

 복 짓는 이가 있는 가정은 후복하고, 복 짓는 이가 많은 국가는 번창한다. 업장 닦는 이가 있는 가정은 화목하고, 업장 닦는 이가 많은 국가는 부흥한다. 가정과 국가를 밝게 가꾸는 것이 닦는 이의 사명이다.

 사람은 평생 먹어야 쌀 40가마니밖에 먹지 못한다고 한다. 부자도 가난한 이도 하루 세끼 먹고 사는 것이니, 끝없는 탐심을 쫓기보다 적정선에서 만족하고 자신의 마음 닦고 복 지을 수 있는 이가 총명한 사람이다. 아무리 재산이 많다고 해도 하루에 진실로 필요한 것은 간단한 의식

주에 불과하고, 모두가 잠깐 동안 쓰다 자연에 모두 맡겨 놓고 떠날 뿐이다.

혹시 누군가에게 돈을 빌려주더라도, 받겠다는 생각을 하지 말고 준다는 생각으로 빌려주고 그 뒤는 생각하지 말라. 물건을 줄 때에도 그 사람을 위해 주지 말고 부처님의 마음을 기쁘게 해드리기 위해 주며, 아까워하는 그 마음(탐심)을 닦기 위해 주어야 한다. 빈 마음이라도 부지런히 베푸는 마음을 연습하면 마음이 넓어지고 물질에 대한 애착이 없어져 탐심도 닦이게 된다.

부처님을 위해, 부처님의 마음을 기쁘게 해 드리기 위해 직장생활을 하고 장사를 한다는 생각으로 일을 하게 되면 육신의 고통이 쉬게 된다.

복은 마음에 짓는다. 부처님 전에 공양을 올릴 때는 올렸다는 그 마음에 복이 지어지는 것이다. 부처님 법을 옹

호하는 일, 남에게 금강경을 읽도록 포교하고 인도하는 일, 부처님 도량을 만들고 가꾸는 일, 이런 것이 모두 복 짓는 일이다. 그리고 부처님 전에 복 짓겠다는 간절한 마음이 서고 공경심과 환희심이 나는 순간 복이 지어진다.

'나'라는 생각을 내지 않고 부처님 기쁘게 해드리기 위해 복 짓는 사람이 있다면, 그이는 자기가 복 지었다는 그 한 생각마저도 부처님 전에 공양을 올리리라.

마음 닦는 이는 자신이 지은 복을 탐하지 않는다. 지은 복은 끈에 묶인 장난감처럼 당기면 언제든지 끌려온다. 시간에 관계없이⋯⋯. 그 복을 자신이 받을 마음을 내면 줄어들고, 부처님께 드리면 더 큰 복을 짓게 되어 마음에 부처님을 가득 증하게[1] 된다. 이때 마음은 밝아지고 아상은 녹아내린다.

---

[1] 증(證)한다는 것은 어떤 생각이나 느낌을 마음에 새겨두는 것을 말한다. 마치 사진기가 모습을 찍어대듯 이 마음에 어떤 인상을 그려놓는 것이다. 그 증해진 것은 언젠가는 현실이 되어 풀려 나온다.

살림하는 사람들의 마음에는 한 달에 얼마라는 액수로 살아야 한다는 강박관념이 자리를 잡는다. 많은 사람들이 '없다'는 마음으로 살아가니 얼마나 마음이 절박한가. 중하고 닦지 않으면 궁하게 되고 다음 생에도 궁한 생활을 하게 된다. 설혹 당장에 물건은 없더라도 '있는 마음'이면 마음에 넉넉한 여유가 있어 그 마음 따라 물질이 풍족해진다. 사소한 생각들이 하나하나 쌓여서 내 안정의 바탕을 이루어간다. 궁한 마음은 절대 바치고 넉넉한 마음을 연습할 일이다.

　중생의 마음은 먹는 데 있다. 어떤 사람이든 식사대접을 받으면 마음이 누그러져 버린다. 대접하는 이의 푸근한 마음과 음식, 이 두 가지를 함께 대접받는 것이다. 그때 주인의 마음에는 복이 지어지는 것이다. 그런데 도둑 천 명 밥 먹이는 공덕보다 착한 사람 한 사람, 착한 사람 천 명보다 마음 닦는 이 한 사람 밥 먹이는 공덕이 크다는 말이 있다. 또 도인에게는 무조건 복을 지어놓으라는 말이 있다. 어느 생이든 어떤 어려운 상황에서든 제일 먼저 도움 받게 된다고 한다. 그러나 정성어린 마음과 공경심으로 올리는 물건이어야 흔쾌히 받으시지, 그렇지 않은 물건은 잘 받지 않으신다.

법신불法身佛은 어디에나 계시니 물건 올리는 그곳이 법당이요, 공경심 내는 그 장소가 화장장엄세계이다. 물건이 모자라거나 더 가지고 싶은 마음이 생기면 모두 부처님 전에 바치고, 무엇이라도 부처님 전에 드리고 사용한다면 필요한 것은 언제든 생기는 무량대복이 지어진다. 보살이 부처님 전에 공양 올릴 마음을 내면 공양구가 손바닥에서 나온다 한다. 수많은 생을 부처님 전에 공양올린 공덕으로 마음만 내면 현실로 나타나는 것이다.

이 세상도 복이 우선이듯이 마음 닦는 세계에서도 복이 중요하다. 도통도, 밝은 세계에 가는 것도 공덕이 있어야 된다.

무량대복無量大福이란 평소에는 없다가도 그때그때 필요한 것은 무엇이든지 생기는 것을 말한다. 좋은 물건을 가지고 있으면 그것을 관리하느라, 도둑맞을까 걱정이지만 필요할 때 필요한 만큼 생기는 무량대복은 뒷걱정이 없다. 마음에 '없다'는 생각이 없으면 얼굴이 온통 복스럽다. 무량대복은 '없다'는 생각을 닦고 궁기를 해탈했으며 부처님 전에 큰 복을 지은 사람이, 아무리 받아도 바닥이 나지 않는 복을 말한다. 부처님에 대한 공경심, 시봉심, 광명의 세계에 대한 환희심, 부처님을 기쁘게 해드리기 위해 몸과 마음을 드리고 남의 성리性理를 밝혀주려는 마음 등을 연습할 때 무량대복이 지어진다.

어느 날 아나율 존자가 떨어진 옷을 꿰매려는데 눈이 어두워 바늘에 실을 끼우지 못하고 있었다. 그래서 속으로 '복 지을 사람 있으면 이 실을 좀 끼워 달라.'고 했더니 어떤 분이 오셔서 도와주었다. 바로 부처님이셨다. 아나율 존자가 그 사실을 알고 부처님께 여쭈었다.

"부처님께서는 그 많은 복을 지으시고 또 무슨 복을 더 지으시려는 겁니까?"

그러자 부처님께서 말씀하셨다.

"아나율이여, 복 짓는 사람 중에 나보다 더한 사람은 없다. 중생들이 악의 근본인 몸과 말과 생각의 결과를 참으로 안다면 결코 삼악도에 떨어지지 않는다. 그러나 중생들은 그것을 모르기 때문에 악도에 떨어진다. 나는 그들을 위해 복을 지어야 한다. 이 세상의 모든 힘 중에서 복의 힘이 으뜸이다. 그 복의 힘으로 깨달음도 이룬다."

2. 몸에 대하여

자신의 마음 쓰임이
자신의 얼굴을 만들어간다

사람들은 몸이 아프면 그것을 몸의 문제라고만 생각한다. 현재의 어떤 용심用心이나 과거 생 업보업장 때문이라고는 거의 생각하지 못한다. 좋은 의사 만나고, 좋은 약을 먹는 것은 임시방편이다. 그 원인을 철저히 바쳐야 완치가 되는 것이다. 몸이 아프면 마음까지 아파지는데, 아프다는 생각 때문에 고통이 더 심해지기도 한다. 비록 몸은 아프더라도 마음만은 잘 바쳐서 건강해야 할 것이다.

사람이 화를 내고 짜증을 낼 때마다 마음에서 독심이 일어난다. 그 독심은 온몸과 내장으로 퍼져 심하면 얼굴과 손발이 붓기도 한다. 마음의 악심이 가라앉지 않으면 지옥 중의 상지옥이고 손에 닿는 것마다 망가진다.

마음으로 일으킨 독은 탐심 쪽으로 뻗치면 위암, 위궤양, 위염 등 소화기 계통으로 병이 나고 진심 쪽으로 뻗치면 폐, 기관지 계통에 이상이 온다. 머리에 부스럼이나 몸의 종기 등도 마음에서 일으킨 독심, 악심이 뻗쳐 생겨난다. 몸살도 마음의 독이 원인이 되어 피로와 겹쳐 일어난다.

아프지 않기를 바랄 것이 아니라, 아플 때는 아플 때 일어나는 마음을 부처님 전에 바치고, 건강할 때는 건강할 때 일어나는 마음을 바친다.

진심(성내는 마음)을 내면 재앙이 따라온다. 신체적으로도 백혈구가 오만 개나 파괴되고 혈압이 상승하며 눈이 침침해져 시력이 나빠지게 된다. 진심은 절대 바쳐야 한다.

자기 육신 속에 혼이 같이 깃들어 있는 사람이라야 심신이 건강한 사람이다. 대개는 사람들의 마음이 바깥의 대상을 많이 향하다 보니 빈 육신만 끌어안고 사는 경우가 허다하다. 좋고 싫은 감정에 따라 마음이 분주하게 들락날락 오고간다. 누군가를 보고 싶다거나 싫다거나 하는 그 마음에 대고 미륵존여래불, 미륵존여래불, 미륵존여래불…… 하고 바쳐보라. 그러면 좀 담담하게 느껴진다.

  육신에 대한 애착이 심하면 몸이 무겁고 천근만근의 무게로 느껴져 몸을 질질 끌고 다니는 경우도 있다. 육신의 착은 안락한 데 찰싹 붙어 편하고 쉬운 것만 좋아한다. 육신의 착을 닦아갈수록 몸이 가볍게 느껴지는데, 그건 그만큼 마음이 건강해진 것이다.

  덥다는 마음도 정진을 해보라. 그러면 몸은 좀 덥더라도 마음까지 덥지는 않다. 이게 한 생각으로 더 덥고 덜 더운 것이다. 무엇보다도 이 몸뚱이를 거느릴 수 있어야 한다.

 부처님께 공경심을 내면, 밝은 마음을 낸 공덕으로 내장이 다 건강해진다.

 힘이 들면 쉬어주는 것이 당연한데, 자신이 그 일에 무능하다거나 지쳤다거나 하는 생각을 부둥켜안은 채 쉴 필요는 없지 않은가. 부처님께 먼저 그 마음을 드리고 가벼운 마음으로 쉬는 것이 좋을 것이다. 어떤 일을 하든지 일이 바쁘고 몸뚱이가 바쁜 것이지 마음까지 그래서는 곤란하다. 바쁜 마음에 바치는 정진이 이어지면 행동은 민첩한 가운데 마음은 그냥 한가하다.

 지나치게 억누르거나 참으면 마음이나 신체에 부작용을 초래할 수 있다. 올라오는 마음을 정성껏 바치고 그 마음과 육신을 다스릴 수 있는 사람이 능력자일 것이다.

관상觀相은 골상骨相에서 나오고 골상은 심상心相에서 나온다고 한다. 얼굴이 달라지려면 마음씀씀이가 달라져야 한다. 27세가 되면 신진대사로 뇌세포까지 교체되고, 태어날 때 가지고 온 육신과는 전혀 상관없는 몸을 이루어 부모로부터 완전 독립을 한다. 자신의 용심用心이 자신의 얼굴을 만들어가는 것이다.

남을 미워하는 마음, 원망하는 마음을 일주일만 연습해도 얼굴이 좀 이상하게 변한다. 그럴 땐 비싼 화장품을 발라도 얼굴이 예뻐 보이지 않는다. 그것보다는 남 미운 마음을 바치는 마음의 화장을 해야 한다.

남의 장점을 우러러보고 칭찬해 주는 마음이면 그 얼굴이 덕스럽다. 또 항상 긍정적인 마음을 연습하면 얼굴이 환하고 밝다.

바른 자세, 바른 태도, 바른 걸음, 바른 말 등은 모두 바른 마음에서 나오지만, 다시 바른 마음이 되게 하는 것은 바른 행동들이다. 신발을 가지런히 놓는 연습, 옷을 똑바로 거는 연습, 물건을 가지런히 두는 연습이 모두 내 마음을 정리정돈하는 데 큰 영향을 미친다.

과거 생에 살생을 많이 한 이들은 병치레가 잦고 몸이 허약하다. 강도를 만나거나 교통사고 등 여러 가지 재앙도 우연 같아 보이지만 결코 우연이 아니므로, 자신을 위해, 자신이 시켜서, 또는 자신이 직접 하는 살생은 피해야 한다. 부처님 말씀에 이 지상에 존재하는 모든 이들이 나의 부모가 아니 되었던 분들은 한 분도 없다고 하셨다. 끝없이 인연 맺으며 계속 윤회하니 전생과 미래의 부모 형제들에게 늘 자비를 베푸는 사람이 밝은 사람이다.

음탐심이 일어난다고 하여 그 생각을 기피하거나 혐오해서는 안 된다. 또 눌러 참으려 해서는 더욱 안 된다. 그 생각을 부처님께 바쳐 음탐심의 정체를 깨쳐야 하는 것이다. 그 한 생각 잘못 다루어 나쁜 결과를 초래하는 경우가 적지 않다.

 공경심을 내고 기도를 할 때는 음욕을 일으키는 호르몬이 급감한다는 과학자들의 연구결과가 있다. 즉 음욕은 안일하고 방심할 때 일어나는데, 마음에서 일어나고 나서 육신이 동한다. 마음이 일어나지 않으면 육신이 동하지 않는다. 그러니 거꾸로 동한 육신 부위에 집중적으로 정진하면 그 부위 육신이 언제 그랬냐는 듯이 가라앉는다. 그 다음에 그 마음에다 대고 바친다. 이렇게 하면 음욕도 결국 항복받을 수 있다.

 음욕이 많이 일어난다면 영양 과잉이 원인이 되어 그런 현상이 일어날 수 있으니 음식 양을 줄여서 먹고, 음욕이 일어날 때 두 손으로 양쪽 귀를 만져서 몸과 마음을 쉬는 방법도 있다. 법당에 사는 이들은 법당을 향해 합장하고 법당을 돌며 정진을 하여 쉬는 방법이 있고, 줄넘기를 하거나 운동장을 뛰어다니거나 열심히 몸을 움직이는 일을 하여 쉬는 방법, 찬물로 목욕을 해서 쉬는 방법이 있다. 무료한 시간이 많을 때에는 취미생활을 하는 것도 좋다. 어떻게 해서든 그 고비를 넘기고 닦아야 할 것이다.

부처님께서 법문하시길, 모든 여자를 볼 때 나이 많은 사람은 어머니로 보고, 나보다 조금 나이가 많은 여자는 누이로 보고, 나이가 어린 이는 누이동생으로 보라고 하셨다. 그 말씀을 실천하면 애욕을 닦는 데 도움이 될 것이다.

지혜가 생기는 필요조건은 반드시 몸으로 부처님을 향해 복을 짓는 것이다. 복이란 몸뚱이에 대해 부끄러움이 없는 것이며, 복 지은 결과는 세상을 대할 때 부드럽게 느껴지는 것이다. 이를테면 재앙이 쉬는 상태이다. 무슨 생각이든 부처님께 바치고, 무슨 일이든 부처님 즐겁게 해드리기 위한 마음으로 일한다면, 몸으로는 복 짓는 것이고 마음이 부드러워져 평화를 얻게 되고 지혜를 밝힐 수 있다.

몸뚱이착이 많을 때는 올라오는 감정의 지배를 더 많이 받는다. 몸뚱이착에서 벗어난 이라야 참 자유인이다. 그러하기에 내 마음 닦은 만큼 또 부처님께 마음을 비운 만큼 나는 자유롭다.

수행자는 묵묵히 부처님을 향해 복을 짓되 슬기롭게 자신의 문제를 해결하면서 '난 뭐란 말인가?' 하는 생각이 들 때는 깜짝 놀라 그 생각을 부처님께 바쳐야 한다. 세속에 살며 자기에게 닥친 일이나 주어진 일을 피하려 하지 않고, 그 일로 인연하여 올라오는 생각과 분별은 무엇이든 부처님께 바치고 부처님 시봉하는 마음으로 행한다면 세속의 일이지만 부처님의 일이 된다. 지혜는 몸뚱이착을 닦아 저절로 나오는 것이지, 닦는 장소가 따로 있거나 이러저러한 형식이 있어 나오는 것은 아니다.

세상을 다 이해하면서도 얽매이지 않는 것. 이것이 세간의 불법이며 탐심을 깨치는 방법이다. 탐심을 깨침으로써 경제활동의 원리를 이해할 수 있으며 진심을 닦음으로써 올바른 법과 도덕에 도달할 수 있다. 세상의 어떠한 직종에 있더라도 우선 자신의 몸뚱이착을 닦는 데 목적을 두어라. 그러면 지혜가 밝아져 세상살이에 자유로울 것이다.

　부처님께 무엇을 얻겠다는 마음보다도 뭐든지 드려보라. 밥도 먹기 전에 먼저 드리고 배고픈 마음도, 답답한 마음도, 괴로운 마음도 다 드려보라. 누군가에게 주는 마음을 연습하면, 받는 사람보다도 자기 마음이 더 기쁘고 든든한 법이다. 하물며 부처님께 드리는 것임에랴.

　우리는 이 육신을 위하고 자신의 소원성취를 위해 공부하는 경우가 허다하다. 그러나 마음 닦는 자리는 바로 '나'라는 아상을 없애는 자리다. 스스로에게 한번 이렇게 물어보라. 나는 과연 부처님을 위해서 무엇을 할 수 있는가? 부처님께 무엇을 드릴 수 있는가? 그런 마음이라도 낼 수 있는가?

이 한생을 사는 동안 탐심과 진심과 치심은 얼마나 닦았는가. 부처님 전에 지은 복은 또 얼마나 되는가. 죽을 때 누구 앞에서라도 떳떳할 수 있는 그런 삶을 지금 살고 있는가. 죽을 때 가지고 가는 것은 마음 닦은 것과, 죄 지은 것과, 복 지은 것뿐이라는 준엄한 법문을 새겨 살아야 한다.

'나'란 놈의 실상은 몸뚱이착이다. 몸뚱이착은 일정치 않아 항상 무엇인가 하겠다고 설친다. 그러다 그것이 뜻대로 되지 않으면 성내고 한탄하기 일쑤이고, 되는듯하면 좋아서 어쩔 줄 모른다. 이처럼 몸뚱이착은 어디든 잘 달라붙지만, 부처님께 바치는 마음에는 업보가 녹아지기 때문에 달라붙질 못한다.

죽은 사람은 가급적 생각하지 않는 것이 좋다. 죽은 사람의 기운은 물과 같고 산 사람의 기운은 흙과 같아, 죽은 사람을 자꾸 생각하면 흙이 물에 씻기는 것처럼 기운을 앗아간다.

이 몸뚱이 있는 한 부모는 절대이다. 부모가 자식을 사랑하는 것은 몸뚱이착의 연장이라 별 공덕이 안 되지만, 자식이 부모를 공경하는 것은 몸뚱이착을 거스르는 것이어서 공덕이 된다.

무슨 일을 해야 할 때 꼭 해야 한다는 생각을 안지 말고, 먼저 그 생각을 바치고서 해보라. 마음의 부담이 훨씬 덜하다. 또 누군가를 대할 때도 반가운 마음이나 싫은 마음을 바치면서 대해보면 상대로 인해 올라오는 감정에 별로 끌려 다니지 않는다. 잠을 잘 때에도 잠을 잔다는 생각을 부처님께 바치면서 잠이 들면 그 정진이 밤새 이어진다. 이것은 잠에 대한 애착을 닦는 데도 큰 도움이 된다.

내 마음이 밝은 마음을 일으키면 밝은 마음을 일으킨 공덕으로 내 마음을 담고 있는 육신이 편안하고 좋은 파장을 받고, 악심을 내면 상대가 내 육신에 대해서 악심으로 대접해준다. 내가 잘난 마음을 내면 세상 사람들이 모두 나를 향해서 잘난 마음으로 대접한다. 우쭐대는 파장이 가니까 그 쪽에서도 우쭐대는 파장으로 나를 대하는 것이다. 그러니 하심하라. 그리고 공경심을 연습하라.

남자 몸이건 여자 몸이건, 사람 몸 받았다는 것. 이건 큰 축복이다. 사람 몸 받아야 자신의 마음을 밝히는 공부를 비로소 본격적으로 할 수 있기에.

3. 인간관계에 대하여

남의 마음은 내가 닦아주질 못한다
오직 내 마음 내가 닦을 뿐이다

가는 말이 고와야 오는 말이 곱다고 한다. 그러나 말 이전에 가는 마음이 고와야 오는 마음이 곱다.

말할 때는 남의 귀를 즐겁게 하지 말고 남의 마음을 즐겁게 하라. 나의 말이 남의 가슴을 아프게 쏘는 화살이 되지 않게 하라.

마음에서 우러나온 진실함을 간단한 말로 표현할 때, 그 표현이 상대의 마음을 울리고 상대를 감동시킬 수 있으니, 표현력의 부족을 걱정하기 보다는 내 마음의 진실함을 지킬 줄 알아야 한다.

　사람들은 남편을, 부인을 시비하면서 상대의 마음을 닦아주지 못해 안달이다. 그러나 사실은 내 마음 들여다보고 그 속의 원인만 바치면 일은 다 되는 것이다. 왜 자꾸 마음 바깥을 기웃거리며 남의 허물을 탓하려 드는가. 남의 마음은 내가 닦아주질 못한다. 오직 내 마음 내가 닦을 뿐이다.

　상대가 미울 때 대상을 보지 말고 내 마음속에 올라오는 그 마음을 닦아야 한다. 그리고 미운 마음이 없어질 때까지 "저 사람이 신심발심해서 부처님 전에 복 많이 짓길 발원." 하고 원을 세운다면, 복 지으라는 그 마음이 내 마음이기에 그 사람보다 먼저 내가 복을 짓게 되고, 복 지으면 아량이 넓어 부드러워지고 내 마음이 그리 뾰족하거나 가파르지 않다.

상대를 진실로 부처님- 하고 대하면, 그 순간 내 마음이 편안해지고 경건해지며, 우리 마음에 부처님 하는 밝은 자국이 남는다. 결국 우리 자신이 밝아지는 것이다. 만나는 사람을 부처님으로 보는 이가 있다면 그이가 바로 그 순간 부처님이실 것이다.

누군가를 미워하는 것은, 바로 내 마음속에 잠재된 남을 미워하는 마음이 가까이 있는 사람을 대상으로 작용하는 것이다.

자기 잘난 마음에는 지혜가 없어져 남의 자존심을 짓밟아 원한을 사게 된다. 한번 원한을 사면 인과의 사슬에 묶여 여러 생 원한을 주고받게 되므로, 자신이 부족한 줄 알고 공부를 하다보면 지혜가 생겨 자신의 부족한 점을 깨치게 된다.

상대가 무엇을 요구할 때 예, 아니오를 분명히 밝히는

것이 좋다고 흔히 말한다. 물론 그렇게 처리해야 할 일도 있지만, 입이 그렇게 가벼우면 손해를 보는 경우도 있고 남의 마음을 아프게 하는 경우도 많다. 부정적인 마음이 많은 사람은 무엇이든 부정하고 본다. 그러나 마음을 보내는 이는 그 일을 상대가 해주고 안 해주고를 떠나, 보내는 마음을 받아주기만 하면 흡족해진다. 약한 마음이기에 거부당하면 마음속에 독심이 일어나므로 일단 "예." 하고 받아주고 "한번 생각해 봅시다." 하면 상대도 좋아할 것이다. 가능성이 있으면 되는 일이고, 불가능한 일인 경우 현재의 처지를 설명하고 상대에게 자기 입장의 해답을 구한다면, 서로 마음 상하지 않고 일이 될 것이다.

아랫사람을 아랫사람이라 생각지 않고 그들에게서 배울 마음을 내고, 먼저 공부를 했다고도 생각지 않고 부처님 앞에서는 누구나 평등하다 생각하면 얼굴이 붉어질 정도로 창피한 일은 없다. 부처님을 모시는 마음엔 '나'라는 고통도 없고, 시봉에는 '나'라는 것이 용납되지 않기에 그 순간은 모두가 극락이고 밝은 일뿐이다. '나'라는 것은 몸뚱이이면서 고통의 근원이기 때문이다.

'나'란 것이 없으면 세상은 편하고 넓은데, 내 아버지, 내 사람, 내 재산, 내 자식 등 '나'란 것이 붙으면 좁고 불편해진다. 이렇게 '나'라는 것을 한 치도 벗어나지 못하는 것이 중생이고 나라는 관념이 뭉친 것이 아상이다. 마음 닦는 이는, 나와 남의 육신을 공평하게 보고, 나에게 필요하더라도 남이 더 필요로 할 때는 줄 수 있어야 한다.

남이 내게 무엇인가 주고 싶도록 내 마음을 비우고, 남이 내게 절하고 싶도록 '나'라는 아상을 닦아야 한다.

남의 일이든 내 일이든, 일을 피하는 마음, 무엇이든 귀찮아하는 마음은 게으름뱅이 마음이다. 이 마음을 닦지 않으면 자기가 떳떳이 설 자리가 없다.

마음에 싫고 좋음이 남아 있다면 아직 재앙이 남아 있다는 증거이다.

남을 흉보는 것이 재미있으면 자기 마음에 진심(성내는 마음)이 있는 줄 알라.

어떤 사람으로 인하여 마음속에서 싫고 미운 마음이 올라오면, 그때 상대를 시비하지 않고 자기 마음속에 있는 남을 미워하는 마음부터 닦으려는 사람은 지혜로운 사람일 것이다. 마음이 미운 사람에게 나가 있고, 돈 버는 데 나가 있고, 애욕을 채우는 데 나가 있으면 내 마음 들여다볼 겨를이 없다.

보기 싫은 사람을 억지로라도 부처님으로 보는 마음을 연습해라. 그러면 내 마음이 넓어지고, 상대의 마음도 펴지게 된다. 주위의 사람을 부단히 부처님으로 보게 되면 공경심이 생기고, 마음의 안정이 얻어지고, 자비심이 생긴다. 가족이나 친척을 부처님으로 보는 마음을 쉼 없이 연습하고 마음을 들여다보고 바치는 연습을 부지런히 하여야 한다.

업보인연을 해탈하지 않으면 그것은 매생 이어진다. 그러나 아무리 숙명적인 업보라도 평소에 부단히 바치면 미리 피해갈 수도 있고, 설혹 부딪히더라도 크게 다치지는 않는다. 업보도 바치면 결국은 해탈이다.

업보를 갚을 때가 되면 갑자기 고기를 씹고 싶은 마음이 강렬하게 일어난다. 전생의 원수를 갚고 싶다는 말일 수도 있다. 그런 살생업보들이 부부나 형제, 친구, 직장동료로 만나면 사이가 안 좋은 것은 당연한 이치이다. 그러니 살아있는 짐승을 잡아먹지 말 것이며 특히 "이 닭, 이 고기 잡아주시오." 하고 지적하여 결정적인 업보를 짓지 말아야 한다. 영생을 가로막는 장애물이 될 수 있기 때문이다.

업보는 단순히 안 보고 신경 안 쓴다고 해결되지는 않는다. 업보에 대한 인식이 바쳐지지 않는 한, 그것은 우리의 잠재의식 속에 언제까지고 남아있다. 단멸상은 하지마라. 끊으려 하면 더욱 강해진다. 부처님께 업보업장 바치는 것도 억지로 없애려 하면 도리어 숨어버리므로, 공경심으로 부처님께 바치면서, 잘 대해주고 물질로도 베풀어야 한다.

도반을 잘 모시고, 공부하는 이를 잘 보살피는 마음은, 바로 부처님을 잘 모시는 마음과 하나이다. 그 마음 바탕이 잘 다져진 이는 부처님 모시는 공경심이 그득하다. 남의 마음이 밝아지도록 뒷바라지하겠다는 마음이 있으면 먼저 자기의 마음이 밝아지는 법이다.

나를 밝게 해주시는 분은 모두가 나의 부처님이시다. 사람마다 밝고 귀한 점이 있으니, 그것을 배워 실천하려 한다면 바로 부처님 뵙고 그 가르침을 실천하는 것과 같을 것이다. 부처님은 내 주위에 얼마든지 계신다. 집안의 부처님들, 직장의 부처님들, 거리의 부처님들, 버스 속의 부처님들…….

 공경할 대상이 있는 사람은 진정 행복한 사람이다. 공경을 받는 그이가 행복한 것이 아니고, 공경심을 내는 그 순간 바로 내가 행복한 것이다.

 자신의 영생을 위해서 하심下心하고 현실을 위해서도 하심해야 한다. 겸손하고 하심하면 마음도 편하고 지혜가 생긴다. 그리고 자기만 높이지 않으면 인간관계도 부드러워진다.

 노인을 모시는 이는 늘 용돈을 넉넉히 드려 돈 없다는 생각이 마음에 새겨지지 않도록 하는 것이 밝은 일이다. 또 병이 있으면 꼭 낫도록 해드려야 한다. 병이 낫지 않았다는 생각으로 몸 바꾸면 다음 생에도 그 병으로 고생하게 된다.

　사람들은 각각 자신이 살아야겠다는 생각 때문에 모두가 차고 냉담하다. 부모 형제보다 내가 먼저이고, 이웃이나 국가보다 내 이해관계가 먼저라는 철두철미한 아상을 연습하며 살아왔기 때문에 그것은 나무랄 수 없는 중생의 본성이다. 부처님께서 금강경에서 말씀하셨듯이 원래 세상이 그렇고 사는 것이 그렇지 않을까. 그러니 마음이 사람에게도 일에도 빠지지 말고 올라오는 바 마음을 닦아야 할 것이다.

　내 마음을 다스리지 못한 입장에서 남을 너무 가까이 사귀면, 좋아한다는 미명 아래 바라는 마음을 연습하게 되고 결과를 요구하게 된다. 너무 가까우면 등잔 밑이 어둡듯 장점은 보이지 않고 너무 멀면 장·단점이 함께 보이질 않는다. 닦는 이는 상대가 오직 부처님으로 보여야 한다.

내 자식이라는 집착을 떠나 자식을 대하면 지혜가 생겨, 자식이 어떻게 살아야 하는가가 잘 보이고 여러 가지로 이끌어 주어도 반발하지 않는다. 하지만 내 자식이라는 껴안는 마음으로 자식을 속박하고 들볶으면 자식이 반발하고 말을 잘 듣지 않는다. 애착의 마음이 전해지면 상대의 마음은 무겁고 괴로우므로 그 애착을 닦아야 진정으로 자식을 위할 수 있다.

어떤 사람을 대할 때 마음이 예사롭지 않다면, 필시 그 사람과 전생에 엮어놓은 원인이 있을 것이니, 그 마음을 닦아 해탈하여야 한다. 그립다거나 밉다거나 하는 생각이 나면 그 생각을 얼른 부처님께 바쳐라. 숨겨진 감정의 찌꺼기라도 찾아서 바쳐야 한다.

불법은 나를 낮추고 비우는 공부다. 나를 낮추고 비우자니까 주위사람을 부처님으로 모시자는 것이고, 마음에 부처님을 모시는 사람이면 하는 일이 다 잘될 수밖에 없다. 부처님- 하는 그윽한 광명을 마음에 공경심으로 모시니, 그 사람이 하는 생각과 말이 전부 다 밝다. 그리고 재앙이 없다. 부딪히는 게 없다. '나'란 걸 가득 안고 말하면 다 부딪힌다. '나'란 아상의 파장이 상대의 아상에 자극을 줘서 불꽃이 튀긴다. 그러니 아상을 닦아라. 마음속에 부처님을 모시고 살면 24시간이 참 즐겁다.

4. 사회생활에 대하여

작은 인물과 큰 인물의 차이는
'나'라는 집착이 얼마나 닦였는지에 있다

마음에 한계가 없는 자만이 한계를 뛰어넘을 수 있다. 본래 한계라는 것은 사람의 마음이 스스로 정해 놓은 것일 뿐, 마음의 능력에는 한계가 없다. 뭘 못한다는 생각도 마찬가지다. 나는 이걸 못한다는 생각을 바치고 배우고 노력하면 결국 할 수 있어진다.

 하루를 살더라도, 아니 순간을 살더라도 주인의 마음으로 그곳을 보살피고 불편 없는 삶의 터전으로 가꿀 수 있는 건강한 마음을 연습해야 한다.

일이 사랑이란 말이 있다. 일을 잘해 주면 다 좋아하고 해줄 일을 안 해주면 다 싫어한다.

하루에 12시간만 살아라. 24시간 살기에는 벅차다. 하물며 더 긴 시간을 살아가려는 사람에 있어서야.

일하면서 바치면 몸뚱이 착이 녹아내린다. 일하기 싫은 마음, 내 몸뚱이밖에 모르는 마음이 스스로 녹아내린다. 그래서 일하면서 정진하는 것은 아주 좋은 수행 방법이다.

주어진 일을 통해 부담감이 올라올 때, 그걸 잘 닦아 놓으면 언제 어느 때 어떤 일을 하더라도 자기 자신이 서서 늘 든든하다. 사실 그 부담감은 일어나도 한 시간, 하루고, 안 일어나도 한 시간, 하루다. 죽을 지경이라고 느끼는 그 마음을 바치면, 마음은 담담해지고 행동은 민첩해진다. 그 때는 이미 일과 공부가 둘이 아니다.

스트레스가 많이 쌓이면 병이 된다. 스트레스를 받는 그 마음에 자꾸 바치면, 쌓인 것이 비워지면서 마음이 가볍고 건강해지고, 마음을 담고 있는 육신도 건강해진다.

바위는 묵묵히 비바람을 맞으나 눈이 오나, 자기를 칭찬하거나 자기를 흉을 보거나, 한결같이 침묵으로 조용하다. 그렇기 때문에 바위가 묵직하고 귀한 것이다. 만약 바위끼리 참지 못하고 맞부딪히면 바위가 깨져 자갈밖에 더 되겠는가. 바위의 그 귀함은 다 사라지고, 자그락자그락 소리 나는 자갈 조각밖에 안 되지 않겠는가. 그러니 묵묵히 침묵하고 누가 나를 헐뜯고 비방하더라도 대꾸하지 말고 참고 자제하고 바치자. 그리고 나를 낮추는 겸손한 마음을 연습하자.

미안에 머물지 말라. 후회하는 일을 적게 하라. 미안하다는 마음을 안고 있으면 과보가 생긴다. 만약 마음에 미안한 일을 하거든 그 즉시 바쳐야 한다. 또 미안한 마음이

들지 않게 그만큼, 그 이상으로 선행하라.

사람들 마음에는 탐진치 독이 있어 그 독으로 서로를 괴롭힌다. 그런데 자기 마음에 독이 있는 것은 모르고 남의 독 때문에 힘들다고 불평하고 남을 탓한다. 자기 자신을 탓하는 사람은 많이 깨친 사람이다.

'저 사람 때문에', '누구 때문에'라는 생각이 들면 깜짝 놀라 바쳐야 한다. 모두가 내가 원인 지은 내 탓인 줄 알아야 겸손해진다. 원인을 자신에게서 찾는 사람은 발전하고 성공하지만, 남을 탓하고 원망하는 사람은 닦는 길이 요원하다.

남이 나를 칭찬해주길 바란다든가 알아주길 바라는 마음이 있다면, 이건 나약한 마음을 연습하는 것이다. 남의 말에 따라서 꼭두각시놀음하는 것에서 탈출해야한다. 상대방 말에 따라 좋은 마음이 일어나든 싫은 마음이 일어나든, 내 마음을 바쳐서 평정하는 것, 이것이 바로 현명한 행동이고 내면이 성숙하는 길이다.

한 생각이 외로운 이는 늘 고독하고, 한 생각이 가난한 이는 늘 없다는 마음으로 평생을 살아가며, 한 생각이 거지마음이면 평생을 거지로 살고, 한 생각이 잘난 이는 자기보다 많이 아는 이에게, 또 세상에 대해 배우는 마음이 없으니 낭패 보기 쉽다. 인간의 선입주견은 모두 옳지 않은 줄 알고, 그것을 바치는 데서 지혜가 자란다.

일이 꼬이고 안 되는 사람들은 자기 마음에 일이 꼬이고 안 되는 것이 있기 때문에 하는 일마다 꼬이고, 남들도 꼬이는 쪽으로 나를 대접해준다. 내 마음이 긍정적으로 밝고 공경심으로 일을 성실하게 풀어가려는 마음을 내면 일은 되고, 그 파장 따라 남들도 나를 성실하게 대해준다. 내가 남을 속일 마음을 내면 그 파장 따라 상대도 나를 속이려고 한다. 그러니 악심을 내지 마라. 악심으로 일처리를 하면 상대보다 내가 먼저 손해 본다.

사람들은 남이 자기를 도와준다는 생각보다는, 자기가 남을 위해 희생한다는 생각으로 세상을 살아간다. 사람은 태어날 때 자기 복을 가지고 오기 때문에, 어떤 집에 태어나든 대개 부모 복이 아닌 자신의 복으로 살아간다. 오히려 자식 복에 살아가는 부모도 많을 것이다. 모든 사람들이 나를 도와준다고 생각해보자. 그리고 그렇게 도와주는 세상에 대해 감사한 마음을 연습해보자.

옷을 입는 것을 보면 그 사람의 개성과 닦은 정도를 알 수 있다. 색상을 고르는 것도 자기 눈에 안경이라, 닦은 정도 만큼밖에 눈에 보이지 않는다. 더 좋은 것을 권해도 눈에 보이질 않는다. 마음이 난하면 옷 색도 난하고, 마음이 단정하면 옷매무새도 단정하다. 옷을 차려 입는 것은 마음의 정돈이고 옷매무새는 마음매무새이기도 하다.

세상을 대할 때 남을 공격하는 마음이 있어서는 안 되겠지만, 남이 공격해 올 때 방어하는 준비 또한 없어서는 안 될 것이다.

지혜로운 사람은 천하를 버틸 힘을 갖고 있다 해도 손에 닿는 일만 한다. 자기 힘이 열이라면 일곱 정도만 쓰고 셋은 여축해둘 줄 알아야 한다.

탐심을 깨치는 것은 물의 성질을 아는 것과 같다. 물에 빠져 벗어나려고 허우적거리면 더욱 가라앉게 되고, 아예 물속에 들어갈 양이면 오히려 뜨게 된다. 이 이치를 잘 적용하면 세상에서 곤란에 빠졌을 때 도움이 될 것이다.

세간의 일을 따라다니며 살지 말고 줏대를 세워 자기 자신을 중심으로 살아라. 그대는 저 웅덩이를 헤엄쳐 건너본 적이 있는가. 어떻게 하면 깊은 물에 빠지지 않고 건널 수 있을까. 마음을 웅덩이 바닥에 두지 말고 건너갈 저

쪽 기슭에 두고 거기만 바라보고 헤엄쳐라. 바닥은 절대로 보지 마라.

세상에 대해 배우는 마음이 없으면, 지혜가 자라지 못하고 우주의 지혜와 격리되어 안팎 없이 깜깜한 생활이다. 치심을 연습하면 남들이 모두 싫어하고 재앙과 박복과 무지가 따르고, 마음속에는 컴컴함, 육신에는 고통을 선사한다. 모든 이를 부처님으로 보라. 그러면 장래의 모든 부처님의 행行을 발견하며 배울 수 있을 것이다.

늘 남에게 가르치는 연습을 하다보면 배우는 마음이 적어지고 제 자랑을 하게 된다. 이렇게 되면 점점 밖을 향해 야단은 잘 치지만 제 모양은 바로 보기 어려워진다. 마음 닦아 밝아지고자 한다면 이러한 점을 경계해야 한다.

봉변은 전생에 그런 인식을 가지고 있으면 이생에도 당하는 경우가 있으며, 그런 업보업장이 있기 때문에 당하는 일일 수도 있다. 그러므로 하소연하고 변명한들 믿어주는 사람이 없다면, 올라오는 마음 바치고 담담히 받아들이는 것이 지혜로운 일이다.

어떤 분이 가을에 밭을 지나다가 조가 누렇게 잘 익은 것을 보고 한 움큼 훑으니 조알이 우르르 떨어졌는데, 다음 생에 소가 되어 갚았다고 한다. 공짜로 받으면 다음 생에 여러 배로 갚아야 한다. 밥 한 그릇을 이유 없이 얻어먹으면 다음 생에 여러 그릇을 사주어야 하고, 주먹으로 한 대 치면 다음 생에 여러 대를 얻어맞아야 한다. 그런데 공적 재산이나 부처님 재산을 횡령하면 어떻게 되겠는가. 수많은 생을 갚아야 한다. 더구나 횡령한 것을 자식에게 주고 가면 자식의 장래도 안 피지 않을까.

가족구성원들이 가정을 위해서 헌신하고 봉사하는 마음을 가지려고 노력하면 그 가정은 잘되고, 회사를 위해서도 헌신하고 봉사하려는 마음을 가지는 사람들이 많으면 그 회사는 번창한다. 이것이 현실에서 성공하고 행복을 가꾸는 방법론이다.

오만한 사람은 어딜 가든 남들에게 미움을 받고 공격의 대상이 된다. 사람들 마음에 각자 다 자기가 잘났다는 생각이 있기 때문에 오만한 사람을 미워하는 것이다. 반면 겸손한 사람은 세상 사람들이 다 좋아한다. 겸손한 마음은 주위에 훈기를 뿜는다.

겸손하고 다소곳한 미소와 하심하는 그 표정과 걸음걸이가 얼마나 귀하고 향내가 나는가. 하심하는 마음을 자꾸 내면 주위에 따뜻한 마음의 파장이 퍼지고, 그러면 좋은 일이 생긴다. 하심하는 연습을 자꾸 하는 것을 마음 닦는 것이라 한다.

총명한 이들은 늘 입만 열면 이상향을 이야기한다. 더 좋아질 세계, 밝음의 세계, 이 마음 닦는 부처님의 세계를 이야기하고, 평범한 사람들은 사건을 이야기하고, 질이 낮은 사람들은 남의 잘못을 이야기한다.

마음을 안 닦아 정신이 썩어버리면 정상적인 삶을 살지 못한다. 월급 받아 산다고 정상적인 삶이 아니다. 정신이 건강한 사람만이 밝은 삶을 산다.

'나' 라는 아상이 적을수록, 부처님을 향하는 마음이 많을수록 한 가정을 유익하게 하고, 한 사회를 유익하게 하고, 한 나라를 유익하게 한다. 각 나라가 요구하고 전 세계가 요구하는 인재가 이런 사람들이다.

작은 인물과 큰 인물의 차이는 '나' 라는 집착이 얼마나 닦였는지에 있다. 큰 인물은 사私보다 공公을 앞세운다.

어느 한 곳에서라도 맑은 물이 샘솟는 우물은 심하게 오염되었더라도 결코 썩지 않는다. 언젠가는 맑은 물로 바뀐다. 마음 닦는 이는 바로 이 샘솟는 맑은 물과 같다. 예부터 마음 닦는 이를 일러 나라의 보배라고 하는 것도 바로 이런 까닭이다.

한 마음이 내 인생만 좌우하는 것이 아니라, 그런 마음을 가지고 있는 그 사람 가정의 미래도 좌우한다. 그런 사람들이 모여 사는 국가의 미래도 좌우한다. 그 국가에 모여 사는 사람들의 마음이 법을 준수하고 정직한 마음을 연습하며 근검절약하면, 이것이 큰 공덕의 근거가 되어서 국운이 핀다. 국민들의 마음이 뭉쳐서 국가의 진퇴가 결정되는 것이다. 사람들의 마음이 바뀌면 개인의 운명, 가정과 사회, 국가의 기운이 다 바뀐다. 마음이 모든 것의 중심이다.

5. 왜 마음을 닦아야 하는가

마음을 닦으면
나와 남이 함께 시원하다

우리는 이대로 영원히 사는 듯이 생각하며 하루를 보낸다. 죽음은 먼 미래의 일, 남의 일로만 여길 뿐이다. 그러나 티베트의 속담과 같이 내일이 먼저 올지, 다음 생이 먼저 올지, 그걸 누가 알겠는가.

사람들은 오늘은 이래도 내일, 모레는 좀 낫겠지…… 하는 희망 속에 산다. 그러나 지금 이 마음 닦고 복 짓지 않으면 미래는 조금도 나아지지 않는다.

부처님께서 육신 속에 영지보물이 있다고 하셨는데 그

게 바로 '마음'이다. 마음은 육신 속의 보배라 할 만큼, 마음 쓰는 작용 따라 행복이 오기도 하고 불행이 오기도 한다. 그러니 여러 생 부정적인 마음 연습한 것은 바치고, 긍정적인 마음 나지 않던 것을 매일 빈 마음이라도 연습해서 내 인생을 긍정적으로 바꿀 일이다.

어떤 마음을 내면, 그 마음의 파장이 퍼져서 다시 내게로 돌아온다. 밝고 건강한 마음, 공경스러운 마음, 긍정적이며 남을 보살피는 마음, 이런 귀한 마음을 일으킨 파장이 돌아와서 내 몸에, 가정에 닿는 것을 복과 행운이라 한다. 또 어두운 마음을 일으킬 때마다 이 파장이 퍼져서 다시 내게 돌아오는 것을 재앙이라고 한다.

사람들이 대충 무슨 마음을 연습하고 사는가 하면, 잘난 마음, 과시하고 싶은 마음, 남을 원망하는 마음, 남을 흉보는 마음, 남을 어리게 보는 마음, 악심, 허무한 마음, 답답한 마음, 향락을 추구하는 마음, 자포자기하는 마음,

대충 이런 마음들을 연습하며 산다. 이것이 밝은 마음 연습이 아닌 것조차도 모른다.

마음은 영특해서 밝은 마음 연습으로 복과 지혜가 그득해지면 부처님의 경지까지 오를 수 있다. 그런데 사람들은 이 마음을 잘못 써서 불행을 초래한다.

인생이 배우라면 기왕이면 지혜로운 이의 역할을 하다가라.

자기를 위해 사는 사람은 몸뚱이 애착이 한층 더 심해진다. 부처님을 위해, 성현을 위해 사는 마음을 낼 때 그것이 녹아내린다. 몸뚱이착과 '나'라는 것을 떠나는 이는 사람다운 사람이고 또 보살일 것이다. 마음공부는 사람답게 살기 위해 꼭 해야 하는 일이다. 선택사항이 아니다. 잘 닦여진 길로 가면 세상이 고통스럽지 않고 편히 갈 수 있는 것을, 모두 그 길 마다하고 길도 없는 가시밭길로 들어가 길이 없다고 아우성들이다.

자기 마음 편안하려고 자기 도통하려고 공부하고, 자기 잘되려고 기도하는 이것이 모두 아상 연습이다

남의 재앙을 마음에 새겨두면 그것이 자기 재앙의 원인이 되기도 한다. 마음에 새기고 바치지 못하면 이생 혹은 다음 생에 그것이 내 현실이 될 수가 있는 것이다. 재앙에는 이생에 지은 것도 있고 전생에 지은 것도 있을 것이다. 그러나 우리가 과거에 어두운 원인을 많이 지었다 할지라도 그것을 부처님 전에 자꾸 바치면 재앙의 보따리는 점점 가벼워진다. 바친다는 것은 그 생각에다 염불정진을 집중적으로 하여, 부처님을 향해 내 마음을 공양 올리는 것이다.

마음에 씌워진 검은 안경을 벗는 정진이 필요하다. 검은 안경을 낀 사람들은 해가 쨍쨍한 대낮에도 세상이 어

둡다고 한다. 자기 마음을 가리고 있는 업장을 부처님 전에 바칠 때 세상이 밝고 환한 것을 비로소 알게 될 것이다.

나의 마음속에 새겨진 인식들은 그것이 무엇이든 간에 나의 현재와 미래를 결정한다. 마음공부란 내 안의 어두운 인식들을 닦는 것으로, 이것을 부처님 전에 바쳐 원래의 청정한 마음으로 밝히는 작업이다. 네 마음 들여다보고 네 마음 닦아라. 이것은 부처님의 참 절실한 가르침이다.

포교란 것이 꼭 불교를 믿으라고 권하는 것만이 아니다. 열심히 정진해서 그 정진의 밝은 기운으로 주위를 바르고 편안케 하는 것, 이것은 소리도 없는 커다란 포교인 것이다.

비록 외면상으로는 불자가 아니라 하더라도 자기의 마

음이 두루 건강하고 씩씩하다면, 그는 이미 불법을 밝게 실천하고 있는 사람이며 참된 불자이다. 마음이 건강하고 떳떳해지자고 불법을 하는 것이니까.

공부는 마음이 건강해지기 위해 한다. 자신이 서고 나서 남을 마음으로 밀어주면 든든하나, 약한 입장에서 밀어주면 대가를 바라고, 밀어준다는 데 마음이 빠져나가게 되니 자신은 더욱 약해지게 된다. 건강한 자신이 있고서 가족이 있고 국가가 있는 것이다.

한 사람이 악심을 내면 그 파장이 주위에 전해져 많은 사람이 함께 흥분하게 되고 한 사람이 낸 공경심과 환희심이 주위를 밝게 이끌기도 한다. 본래 마음은 나와 남이 없고 그대로 하나로 통한다. 그래서 경전에서는 한 마음이 청정하면 많은 마음이 청정하고 많은 마음이 청정하면 8만 4천 다라니문이 청정하다고 하셨다.

재산이 많거나 지위가 높다 하여도 닦지 않으면 중생의 탈을 벗지 못한다.

원수의 하는 일이 어떻다고 하여도, 자기를 죽이려고 하는 적의 하는 일이 어떻다고 하여도, 거짓으로 향하는 내 마음이 내게 짓는 해악보다 못하다. 아버지, 어머니가 어떻다 해도, 친척들이 하는 일이 어떻다 해도, 정직으로 향하는 내 마음이 내게 짓는 행복보다 못하다.

- 법구경 -

자식에게 집착하는 마음이 자식의 일을 그르친다. 옛날에 어떤 분의 딸이 독일에 간호사로 가기로 되어 있었는데 차질이 생겼다. 그 어머니는 빚을 내서 딸이 독일 가는 수속을 밟아놓았기 때문에 몇 달간 대책 없이 이자가 불어나니 마음이 조급해질 수밖에 없었다. 이 일에 대해 백 선생님께 여쭤보니 어머니가 딸이 독일 못 가도록 막는다고 하신다. 깜짝 놀라 무슨 말씀인가 여쭈니, 그 어머니가 딸을 빨리 독일 보내야 된다는 조바심을 낼 때마다 딸 주위를 그 마음이 감싸서 딸의 일을 그르친다고 하신다. 마음의 작용은 이렇다. 꼭 가라는 마음, 왜 빨리 안가나 하는 조바심이 딸에게 가니 딸의 일이 휘청거린다. 사람들은 자기 자식이 잘 되게 하려는 집착이 자기 자식의 앞길을 막는 역할을 한다는 것을 모른다. 그러니 그런 생각이 들면 깜짝 놀라서 바치고 그 마음을 쉬어라. 그리고 그 일이 이루어질 수 있도록 원 세울 일이다.

 닦지 않은 마음은 그 자체가 독이다. 그러니 어찌 마음을 닦지 않을 수 있는가. 올라오는 이 업장 하나 바치면 나와 남이 함께 시원하다.

 마하살의 경지에 이르면 남의 마음을 쉬게 해준다. 닦여진 마음의 힘이 주위를 안정시키게 되니, 그것 또한 남을 이익하게 하는 것이다.

우리가 감사해야 할 것은 도처에 있다. 하늘의 은혜와 우리를 둘러싸고 있는 이 자연의 은혜가 얼마나 감사한가. 세상 사람들은 대부분 그 고마움을 모른 채 살고 있다. 부모에 대한 고마움, 좋은 음식을 먹게 해준 분, 이 옷을 입게 해준 분들에 대한 고마움도 모른다. 부처님에 대한 고마움은 물론이고 오직 있는 것은 자기 욕심, 아상뿐인 경우가 많다. 깜깜한 아상으로 엎치락뒤치락하고 하루하루 업을 지으며 살아가는 것이 중생의 실체가 아닌가. 그래서 중생은 슬픈 존재인지도 모른다. 그러므로 부단히 경 읽고 바치고 고마운 마음을 자꾸 연습해야 할 일이다.

어찌 자기가 돈 주고 구입했다고 자기 물건이겠는가. 소급해 들어가면 밥 한 그릇에도 인류 전체의 은혜가 깃들어 있는 것이다. 마땅히 인류와 자연의 등불이신 부처님께 공양 올리고, 또 이 음식을 위해 농사짓고, 운반하고, 요리해준 모든 이들의 은혜에 고마워하며 감사히 먹고 부처님 잘 모시겠다는 원을 세우고 대해야 한다. 음식

뿐만 아니라 어떤 물건이든 감사한 마음으로 공양 올리고 받아야 법답게 사는 길이 아닐까.

저 잘난 마음을 많이 연습하면 지혜가 어두워지고, 지혜가 없으니 재앙을 당하기도 쉽다. 사실 치심은 거지에게도, 못난 사람에게도 있다. '내가 아버지만 잘 만났어도…….' 하는 마음도 알고 보면 치심이다. 마음 닦는 길에서도 자기의 지혜를 넘어서는 것은 자기보다 지혜가 높은 사람의 가르침을 받아야 한다. 치심은 다른 업장보다 눈에 잘 안 보이므로 닦기가 어렵다. 그래서 자기 업장이 땅 두께보다 두꺼운 줄 알아야 공부가 된다고 하는 것이다.

명예, 재물, 배우자, 자식 등 모든 것이 영원한 자기 것이 아닐진대, 자기 것으로 소유하려는 마음에서 일체의 고통과 번뇌가 생긴다. 그러므로 중생적인 것은 모두 부처님께 바치고 무상치 않고 영원히 자기 것일 수 있는 부처님의 지혜와 진리를 얻어야 한다. 몸과 마음을 부처님께 바친, 그 텅 빈자리가 밝은 자리이다.

과거로 향하는 마음은 죽은 마음 연습이다. 또 어떤 이들은 온통 미래의 꿈속에 빠져 살기도 한다. 그런 마음은 허하기 짝이 없다. 진실한 삶이란 현재, 현재에 진실하고 순간, 순간에 올라오는 분별을 바치는 삶이다. 그렇게 현재에 진실하면 과거와 미래도 저절로 진실해지고 밝아질 것이다. 진실한 마음이란 내 안에 부처님의 마음이 머무는 순간이다. 부처님을 모신 마음은 말과 행동이 공경스럽고 진중하며 정신은 깨어있다.

누군가를 만나기 전에 그 사람을 만나 어떤 이야기를 하고, 어디를 가고 하는 궁리를 하는 경우가 많다. 그러나 실제 만나보면 상황이 전혀 달라 만나기 전 생각이 쓸데없었다는 것을 알게 될 때가 있다. 차라리 그 궁리가 일어날 때마다 궁리를 따라가는 대신 자꾸 바쳐 분별이 없어

졌더라면 가서 있을 일이 알아지기도 할 터이고, 마음이 밝아져 상대의 물음에 적절한 대답도 할 수 있을 것이다. 또 마음의 힘이 맑고 크게 되어 상대를 편안히 해줄 수도 있을 것이다.

현재 현재에 진실한 마음, 그것이 공경심의 실천이다.

닦는 이들도 '나'라는 것에 집착하면서부터는 다시 타락의 길로 빠져든다. '나'라는 것을 실체인 양 집착하여 온갖 공덕을 잃어버리고 마는 것이다. 이 세상에서 가장 큰 도둑은 바로 업장이란 놈이다. 그것을 늘 주시하고 그것에 속지 않는 자만이 자신의 가장 귀중한 보물을 지킬 수 있으리라.

누구나 자기의 눈은 자기가 못 보는 법이다. 자기의 정도를 자기가 모른다는 말이다. 사람들은 자기 생각을 꽉 움켜쥐고 그것만으로 세상을 보려고 한다. 내 생각은 모두 옳지 않다. 옳다고 하더라도 그건 내 정도에서 옳을 뿐이다. 내 정도의 지혜를 바쳐 마음이 백지로 남겨질 때 더 밝고 큰 지혜가 드러난다.

자기 모습과 표정을 자기 마음이 만드는 것이라면 잘못된 자기 마음을 바치고 공경심을 연습해서 밝게 바꿀 수 있는 의지가 필요하다. 바칠 줄 모르는 보통 사람들은 그대로 살지만, 마음 닦는 사람들은 부처님을 위해서 산다는 마음가짐으로 잘못된 자신의 마음가짐과 얼굴표정과 행동과 말을 바꾸어가기 때문에 귀하다. 상대를 부처님으로 보라. 마음 닦는 이들은 상대를 장래 부처님이 아니라, 현재 부처님으로 보아서 자기 마음 밝혀가는 것을 해야겠다. 부처님 앞에서 어떻게 굳은 표정을 지을 수 있으며 부처님 앞에서 어찌 겸손하지 않을 수 있겠는가?

부지런히 밝은 곳에 복 지을 일이다. 몸으로든 마음으로든 밝은 곳에 공덕을 지어놓으면 발심해 한마음 닦으려

할 때 주위의 여건들이 원만하다.

   죽음의 순간에 부처님 전에 공경심을 내고 부처님을 향해서 정진을 하면 밝은 정신을 갖추게 된다. 편안할 때 바치는 연습을 자꾸 하다보면 급한 순간에도 정진을 하게 된다. 닦는 이들은 최후 순간에 염불정진 하기 위해 평생을 닦는다. 그리고 현생과 내생을 위해 평생 매일 매일 선행하고 공덕 짓는다.

   이 육신은 때가 되면 죽어 없어지지만, 이 육신이 담고 있는 마음은 죽지 않는다. 그 마음이 원인 지은 대로 거기에 맞는 몸을 받아서 다시 새로운 삶을 시작한다. 그런데 닦지 않으면 거반 축생몸이다. 닦지 않은 미迷한 마음에는 모두가 사람같이 보이기 때문이다. 또 방심하지 않고 잘 바쳐서 마음을 밝게 닦고 부지런히 복 지었다면, 같은 사람이라도 더 밝은 곳에 몸 받을 것이다.

천국과 극락이 먼 곳에 있는 것은 아니다. 하나님 모시고 부처님 모신 경건한 그 마음, 갈등과 번뇌의 바람이 쉬어 한적하고 고요한 그 마음이 현재의 천국이고 극락일 것이다.

공부를 하면 과거를 소급해서 닦아 들어간다. 오늘 공부하면 어제의 그 마음이 해탈되고, 이튿날 공부하면 3일 전, 4일 전 마음이 닦여지고, 이렇게 해서 소급해 내려가면 나쁜 마음들이 해탈이 될 것이다. 마음을 닦는다는 것은 심층심리에 잠재된 병적인 요인뿐만 아니라, 그동안 쌓아둔 모든 습관적 인간적 분별을, 좋은 것이든 나쁜 것이든 간에 한 티끌도 용납하지 않고 바치는 것이다.

복도 죄도 마음으로 짓고 무엇을 증하는 것도 마음으로 한다. 이 한마음은 화가와 같아 무엇이든 그리고, 또 그린 대로 현실이 된다. 증하지 않고 그때그때 부처님 전에 바치면 그 마음은 어디에도 물들지 않을 것이다.

악조건은 공부하기에 가장 좋은 조건이다. 정진하면 성내는 마음의 뿌리가 닦여 속이 시원해지고, 나아가 부처님의 광명의 세계가 느껴지며, 혜안이 열린다. 성내는 마음의 뿌리를 항복받고 난 뒤에는 지혜의 세계가 열리는 것이다. 그리하여 그 마음이 밝고 상쾌하게 그윽한 공경심으로 이어진다.

마음의 빗장을 열면 그 틈새로 유혹과 재앙의 불씨들이 밀려들어온다. 바늘구멍만한 틈이 생겨도 황소만한 업장이 밀어닥치며, 이러한 순간의 방심은 영원한 후회를 가져온다. 단속을 잘할 일이다.

공부를 하는 사람의 부류에는 세 가지가 있다. 첫 번째는 양의 수레를 타고 가는 사람으로, 몸뚱이의 고통이 싫어 공부하는 부류로 가족들이 건강하고 돈 많이 벌고 행복하게 해달라고 부처님께 조른다. 두 번째는 사슴을 타고 가는 사람으로 이 우주는 모두가 원인 결과로 이루어

졌으니 밝은 원인을 부지런히 지어 밝은 결과를 얻으려는 부류이다. 세 번째는 흰 소를 타고 가는 사람으로 우주현상을 그대로 마음에 받아 밝히는 부류이다. 이 사람들의 깨침은 우주 전반에 그대로 통하니 대승이고 최상승이다. 중생계의 어려운 문제를 자신의 문제와 같이 보고 해결해 많은 중생들을 이익하게 하는 불보살들의 길이다. 모두가 흰 소를 타고 가는 대승의 길을 가야 할 것이 아닌가.

지혜, 조화, 도통도 모두가 마음 안에 있으니 마음 밖에서 구하지 말라. 우주는 원래 조용한데 중생들은 자기의 분별을 뒤집어쓰고 지글지글 마음을 끓인다. 건강한 마음이란 좋은 일에도 나쁜 일에도 편안하고 지혜로울 수 있는 마음, 태산처럼 흔들리지 않는 가운데 무분별의 지혜가 깊어져 우주의 만상이 거울처럼 비쳐오는 마음이다.

심성을 바꾸자. 불편하고 답답한 자기 마음을 바꿀 수 있는 자가 능력자다. 사람들은 자기 마음을 바꾸지 못하니까 지옥고를 겪으면서 살아가고, 열등감을 안고 살아가며, 조금만 잘하면 우월감을 안고 살아간다. 열등감도 우월감도 잘못된 생각인데, 사람은 생을 거듭하면서 이런 마음을 더욱 연습하며 살아서 이게 업장이 된다. 원래 청정한 마음자리는 우월감도 없고 열등감도 없는데, 현실을 살면서 느끼는 어떤 생각이 교류되고 쇼크를 받고 자기의 어두운 판단으로 난 잘났다, 난 못났다, 이 두 가지로 해서 업을 지어서 그 업을 안고 남하고 시비가 벌어지고 결국은 업연 속에 휘말려 사는 게 중생들이 생사를 유전하는 현실이다. 그걸 벗어나기 위해서는 '나'를 용납하지 마라.

6. 어떻게 마음을 닦을 것인가

닦는다는 것은 자꾸 비우는 것이다
남에게 양보하고 남을 존중해주고
남을 배려하는 것
이렇게 해서 자기를 비우고
자기를 낮추는 것이 닦는 것이다

아무리 오랫동안 불교에 귀의했다고 하더라도 정작 자기 마음 닦는 핵심을 모를 때는 늘 겉돌게 된다. 화엄경 사상이 어떻고 법화경 사상이 어떻다고 장황하게 이야기한다고 하더라도 바로 지금 내 마음의 고통을 쉬는 방법을 모른다면, 그런 앎이 현실의 문제를 해결하는 데 무슨 의미가 있겠는가. 저 밑바닥에서부터 비집고 올라오는 이 어두컴컴한 생각들을 실질적으로 닦지 못한다면 말이다.

 늘 자신의 마음을 들여다보는 연습이 필요하다. 그래야

올라오는 마음에 속지 않고 바칠 수 있다. 마음이 미운 사람에게 나가 있고, 돈 버는데 나가 있고, 애욕을 채우는데 나가 있으면, 내 마음 들여다볼 겨를이 없다. 그럴 때 업장이 올라오면 불가항력인 것이다.

금강경 말씀을 믿고, 그 가르침을 실행할 때 우리의 마음속 태산과 같은 업장이 녹아내린다. 모든 원인이 자기 마음속에 있는 줄 알고, 그것을 부처님께 낱낱이 바치는 것은 금강경 말씀을 직접 실천하는 행行이다.

궁리를 끌어안고 있으면 어둡지만, 그것을 부처님께 바치면 마음이 가볍고 상쾌하다. 설거지하면서, 청소하면서, 길을 걸으면서, 올라오는 생각 하나하나에 대고 미륵존여래불 바치는 연습을 부단히 하면 마음은 늘 부처님과 하나가 되어 밝게 깨어있다.

불법은 시시각각 올라오는 분별, 궁리, 망상을 실제로

닦는 행이다. 법 따로 생활 따로, 이건 곤란하다.

 어떤 고민이 있거나 어려운 문제에 봉착했을 때, 거기에다 대고 경을 읽으면 점차 마음이 안정되고, 분별이 쉬는 순간에 아주 밝은 해답이 얻어지기도 한다.

 중생이 가진 재산은 오직 탐심(욕심내는 마음)과 진심(성내는 마음)과 치심(잘난 줄 아는 마음)뿐이다. 탐심을 닦는 좋은 방법은 늘 베푸는 마음을 연습하는 것이다. 물질이 부족하면, 다만 마음으로라도 대가를 바라지 않고 베푸는 마음을 연습하다보면 탐심도 적어지고 자기 마음 그릇도 커진다. 진심은 큰 재앙이다. 그 진심을 바치는 것은 곧 우리 마음속의 재앙을 바치는 일이다. 진심은 모든 쌓아놓은 공덕을 한순간에 태워버리는 무서운 불이니, 아무리 작은 것이라 해도 방심은 곤란하다. 자기 잘난 줄 아는 치심은 어둡고 깜깜한 마음으로 밝은 지혜를 가로막는다. 그러므로 누구에게나 부처님- 하는 마음으로 대하고,

항상 남의 장점을 배우는 마음을 내고, 남의 허물은 용서하고, 내 허물은 절대 용서하지 않아야 할 것이다. 내 마음속의 탐·진·치, 이 재산을 모두 다 바친 이가 부처님이시다.

탐심이란 과욕하는 마음으로 그 악착같은 마음은 짐승의 마음이다. 탐심에는 물질을 자기 것으로 하려는 간탐심, 남녀관계 등에서 사람을 자기 것으로 하려는 음탐심이 있다. 탐심은 건강치 못한 마음이며 박복의 근원이다. 그러므로 자신에게 필요한 정도를 깨치고, 바라는 바 없이 늘 베푸는 마음을 연습하고, 부처님께 집중적으로 바쳐야 해탈된다.

불타버린 곳에 재만 남듯 뜨거운 진심이 지나가면 파괴만 남는다. 진심은 재앙과 박복을 가져오며 마음속엔 독심을, 육신에는 뜨거운 과보를 선사한다. 진심은 불길과 같아 피를 말리고 지방을 태운다. 그러나 진심을 바치면 공덕이 온다.

 개에게 돌을 던지면 개는 그 돌을 쫓아간다. 그러나 사자에게 돌을 던지면 돌을 던진 사람을 물어 버린다. 이것이 사자의 지혜다. 마찬가지로 지혜로운 사람은 어떤 사람으로 인해서 싫고 미운 마음이 올라오거나 화가 날 때, 상대를 시비하지 않고, 자신의 마음부터 닦는다.

 누가 자기에게 싫은 소리를 했다거나 모욕감을 주었을 때, 마치 바위에다 글자를 새겨놓은 것처럼 그 인식을 꽉 움켜쥐고 있으면 고통이 매우 심할 것이다. 마음에 새긴 인식이 며칠 지나서 잊히는 정도만 되어도 세상 살기는 한결 낫다. 이것은 마치 모래 위에 글씨를 쓴 뒤에 바람이 불면 곧 지워지는 것과 같다. 그런데 더 좋은 것은 분별이나 생각이 올라오는 대로 바로 바쳐서 쉬는 것이다. 물 위에 쓰인 글씨가 흔적도 없이 사라지듯이.

내 생각은 모두 옳지 않다. 또 옳다 하더라도 그건 내 정도에서만 옳을 뿐이다. 내 정도의 생각을 바쳐서 이 마음이 백지로 남겨질 때, 나보다 더 큰 지혜, 나보다 더 밝은 지혜가 드러난다.

모든 사람을 부처님으로 보라. 사람들은 보통 부처님을 어떤 낯선 곳, 높은 곳에서만 찾으려 한다. 그러나 우리가 지금 살고 있는 이 집과 동네, 또 시장에서도 부처님을 만날 수 있어야 하지 않을까. 만나는 모든 사람을 부처님으로 보는 이가 바로 그 순간 부처님이실 것이다.

귀찮은 손님이 찾아오더라도 무조건 먹이고 차비라도 주는 연습을 하라. 그대 마음은 꿈에라도 줄 생각이 없는 마음이기 때문에, 이것은 그 마음을 닦는 데 꼭 필요한 연습이다. 무엇을 하든지 원을 세울 것이며 선입견이나 의욕으로 하지 말라.

남이 잘난 척하는 말을 듣기 싫어하는 것은 바로 그대에게 잘난 척하는 마음이 있기 때문이다. 저 잘난 마음을 닦으면 남이 아무리 잘난 척해도 마음이 동요되지 않을 것이다.

'고맙습니다.' 하는 마음을 일부러라도 내는 연습을 해라. 닦지 않은 마음은 꿈에도 고맙다고 하는 법이 없기 때문이다.

몹시 고통스러운 일을 당할 때 '모든 사람들이 이러한 고통을 해탈하여 부처님께 환희심 내어 복 많이 짓길 발원.' 해보라.

새벽 3시부터 5시까지는 기운이 맑고 밝은데 이때가 문수보살님께서 법문하시는 시간이다. 이 시간에 공부를 하면 우주의 생기를 듬뿍 받는다. 저녁 늦게 활동하는 사람치고 재앙이 없는 사람은 드물다고 한다. 우주의 기운에

순응하여 밝은 기운일 때 활동하고, 어두운 기운일 때 잠자면 몸과 마음이 건강해진다. 그리고 잠들기 직전까지 정진을 놓지 않아야, 밤새 공부가 지속되어 깨는 순간까지 공부가 된다. 방심하다 잠들면 자는 시간 내내 방심하니 일어나도 정신이 개운치 않다. 낮잠도 밝은 낮에 어두움을 연습하는 것이니 가능한 한 자지 않는 것이 좋다.

금강경은 석가여래 당신의 마음 살림살이를 있는 그대로 털어놓으신 말씀이다. 이는 몸과 마음이 한껏 건강하셨던 석가여래께서, 하루해로 비유하자면 밝음의 경지가 정오의 태양처럼 눈부시게 빛나셨을 때 하신 법문이기에, 광명 그 자체라고 하셨다. 그래서 부처님의 마음덩어리고 광명덩어리인 금강경을 수지독송하면, 3천 년 전 석가여래의 밝음을 향하고 그 밝음이 통하게 되어 자기 마음의 그늘진 업장은 해탈되고 재앙은 소멸되어 성리는 밝아질 수 있다고 하셨다.

아침저녁으로 금강경 읽고, 평상시에는 떠오르는 생각과 부딪히는 사물에다 대고 미륵존여래불 하는 것은, 마음속에 넣어둔 모든 것을 꺼내 부처님께 드리는 것이니 불공으로서는 이만한 것이 없다. 좋은 것이든 싫은 것이든 자신이 가진 모든 마음을 부처님께 바칠 수 있다면, 마음이 항상 씩씩하고 밝게 되는 것이다. 그것은 다른 말로 부처님 마음으로 자신의 마음을 바꾸어 나가는 과정이기도 하다. 부처님께서 우리에게 받고 싶어 하시는 것은 값진 물건이 아니라 바로 이 지옥 같은 마음, 이 박복한 마음이다. 부처님께서는 우리의 삶을 불행하게 만드는 어둡고 컴컴한 번뇌를 공양 받고 싶어 하신다. 그 분의 가장 큰 원은 모든 중생들이 마음 닦아서 밝게 성불하는 것이다.

금강경을 읽으면 재앙이 없어진다. 보통 아침에 읽는 금강경은 낮 동안의 재앙을 소멸하고 잠자리 들기 전에 읽으면 자는 동안의 재앙이 소멸된다. 사람의 몸속에는 컴컴한 벌레들이 살고 있어 끊임없이 사람을 괴롭히고 있으나, 금강경을 읽고 바치는 공부를 하게 되면 그 벌레들이 살 수가 없어, 신진대사를 통해 죽은 세포와 같이 밖으로 빠져나가 밝고 건강한 세포로 바뀐다. 금강경은 밝은 자리라 컴컴한 것을 용납하지 않기 때문이다. 의학적으로 사람은 1,000일에 피부 세포가 한번 바뀌고, 3,000일에 뼈세포가, 9,000일에 뇌세포가 바뀐다. 그동안 금강경을 읽게 되면 컴컴한 벌레들이 빠져나가고 건강한 세포로만 대체가 되니 점점 밝아지고 재앙은 있을 수 없는 것이다.

금강경을 읽을 때 집중이 잘 되지 않고 자꾸 여러 가지 생각이 떠오르곤 하는 것을 걱정할 필요는 없다. 그것은 평소 자신이 마음속에 그려 넣었던 것들이 금강경의 밝은 기운에 비추어져 나오는 것이다. 그것들이 그대로 자신의 마음속에 잠자고 있다면, 다 괴로움의 원인이 되는 것인데 밝은 기운 앞에 쏟아져 나오니 자신이 편안해지는 것이다.

 금강경을 너무 기를 쓰고 읽으려 하는 것도 탐심이고 왜 안 되나 하는 것은 진심이니, 본래 성인에게는 다섯 번, 일곱 번 하는 분별도 없다. 힘에 겨운 일 정해놓고 못한다고 하는 것보다는 그때그때 정성스럽게 경을 읽으면서, 24시간 시시각각 일어나는 생각에다 그시그시 바쳐야 할 것이다.

 경을 읽기가 아주 싫을 때가 있다. 그런 때일수록 복을 지어야 한다. 공부하는 데 있어 복이란 윤활유와 같은 것이다. 부처님 전에 물질로 복을 짓고, 물질이 없으면 행동으로 짓고, 또 마음으로 복을 지어 본다.

 공부란 일정기간 몰아서 한꺼번에 하는 것이 아니라 이생에 못하면 다음 생에도 세세생생 계속하는 것이다. 금강경이 잘 안 읽어질 때에는 자기가 읽겠다고 애쓰지 말고 '모든 중생들이 금강경 잘 읽어서 부처님 잘 모시길 발원.' 한다면 어느 틈에 자기 입에서 금강경 읽는 소리가 날 것이다.

계율을 지키는 것은 중요하다. 그러나 마음까지 거기에 묶여서는 곤란하다. 마음이 늘 밝은 곳을 향하면 저절로 행동으로 계율이 지켜진다.

금강경은 꼭 읽을 사람에게 전해야 한다. 경을 전해 받은 사람이 천대하여 밟거나 타넘는다면 그 과보로 남에게 짓밟히게 된다. 그러면 그 보복을 경을 준 사람에게 하려 한다고 하니 어찌 조심스럽지 않으랴.

인과경에서도 경을 바닥에 내던진 과보로 꼽추가 된다는 구절이 있다. 또 부처님 법문에 금강경을 모시고 잘 읽으면, 부처님께서 이를 다 보시고 주위의 밝은 기운이 금강경이 모셔진 장소를 옹호하고 받든다고 하셨다.

부처님 계신 곳에도 머물지 말고, 부처님 아니 계신 곳에서는 얼른 도망가라는 말씀이 있다. 생각생각 바치는 것이 가히 큰 장부의 일이다.

이 우주법계에 부처님의 밝은 광명이 꽉 차있다. 그런데 사람들이 업장 때문에 그걸 느끼지 못한다. 상대를 부처님으로 보는 순간에는 나란 업장, 아상이 쉬니까 우주의 광명을 그냥 느끼게 되어 부처님 기운과 하나가 된다.

원래 마음은 텅 비고 고요한데 탐·진·치를 연습해서 깨끗한 마음이 물들게 되었다. 물든 마음을 부처님 광명에 바쳐라. 부처님 광명에 바쳐지지 않는 업장은 없다. 사람들이 탐·진·치가 나를 망치는 원수라는 것을 모르기 때문에 더 연습하는 것이지, 일단 그것을 알게 되기만 하면 닦기가 훨씬 쉽다. 그러니 거듭거듭 하심하고 거듭거듭 상대를 부처님으로 보는 노력을 하라.

기분 나쁜 생각을 속으로 꿍꿍 앓지도 말고, 꾹 덮어버리고 다른 일을 하지도 말고, 기분 나쁜 생각에다가 공경심으로 '미륵존여래불'만 하라. 한참 하다보면 마음이 편안해질 것이다. 이것이 금강경의 '항복기심降伏其心'을 실천하는 공부다.

바친다는 것은 참거나 마음을 달리 먹거나 하는 매개를 거치지 않고, 정면으로 그 마음에다 대고 조건 없이 염불 정진하는 것을 말한다. 매일의 현실 속에서 발생되는 상황을 통해 그때그때 올라오는 마음을 항복받아, 옳지 않은 습성이 배어 죄를 짓는 자신의 내면적인 문제점을 고쳐나가는 것을 말한다. 심층 심리 속에 잠재된 병적인 요인뿐만 아니라 그동안 쌓아온 모든 습관적, 인간적 분별을 좋은 것이든 나쁜 것이든 간에 한 티끌도 용납지 않고 바치는 것이다.

바치는 공부는 시기를 놓치지 않고 해야 한다. 특히 크게 충격적인 분별이 일어나버린 뒤에 바치려면 무척 힘이 든다. 방심치 않고 마음속을 들여다보다 분별이 일어나려 하는 순간 바쳐야 쉽게 바쳐지지, 분별의 나무가 뿌리를 내리고 가지를 치면 바치기가 무척 어렵다. 공부는 바로 호흡지간에 방심치 않는 데 있다. 순간순간 놓치지 않고 바칠 일이다.

1분간 석가여래 부처님이 계신 앞에서 여러분들의 응어리진 마음, 걱정스러운 마음, 답답한 마음, 원망스런 마음, 갈등 등을 공경심을 내어 다 바치는 마음을 연습해 보라.

부처님 좋아하는 이는 많은데 마음 닦는 이는 드물다. 한 시간씩, 두 시간씩 경 읽고 바치는 고행을 반가워하는 사람은 없다. 그러나 세상에는 공짜가 없다. 발전하려면 정진이라는 대가를 치러야 한다. 그리고 향상이 되려면 실천해야 한다. 공부는 신명을 다 바치는 마음으로 해야 한다.

 공부하는 이들에게는 분명히 부처님의 가피가 계신다. 그러나 부처님 모시는 일이 힘이 들어 짜증이 나게 되면 부처님께서도 불편하실 것이다. 공부든 일이든 무엇이든 자신의 분수에 알맞게 할 줄 아는 지혜가 있어야 한다.

 미륵존여래불 염송할 때는 장궤자세가 좋다. 흔히 한 시간 단위로 하는데, 우리의 분별이 대략 한 시간 주기로 회전하기 때문이다. 분별이 올라오는 주기는 작게는 한 시간에서 3일, 7일, 49일, 100일, 3년, 9년, 27년, 길게는 아승지겁까지 있다.

 그대가 무슨 생각이든지 떠오르는 생각에 대고 '미륵존여래불, 미륵존여래불, 미륵존여래불……' 하며 부처님께 바치고 아침저녁 열심히 금강경을 읽는다면, 어디서 왔는지 모르게 상쾌한 느낌과 든든하고 새로운 힘이 솟을 것이다. 이것이 부처님의 가피가 아니고 무엇이겠는가.

옛 도인들은 탐심은 끊고 진심은 참으라고 했다. 그러나 현대와 같이 복잡한 시대를 살면서 마음 닦는 방법은 탐심은 깨치고 진심은 바치는 것이다. 탐심을 깨치라 함은 육체를 영위함에 필요한 것들을 전혀 끊을 수는 없으니, 자신에게 알맞은 양을 깨달아 그 이상을 취하지 않는 것이다. 진심을 참게 되면 용수철을 누르는 것과 같아, 더 큰 힘으로 폭발하거나 위나 가슴 등에 질병이 생기니 올라오는 진심을 각자의 믿는 분을 향해 바쳐야 한다. 치심은 곧 자기 잘난 마음으로 자기 스스로가 잘 알 수 없으므로, 평소에 자꾸 하심하고 상대를 부처님으로 보고 배우는 마음을 늘 연습해야 할 것이다.

마음속의 분별은 끝이 없으므로 계속하여 바치고, 아무런 생각이 나지 않으면 나지 않는다는 그 생각에다 바쳐야 한다.

당신의 마음이 편안하지 못할 때는 업장이 올라온 줄 알고 자꾸 바쳐라. 궁리의 끄트머리는 악심이고, 바치는 끄트머리는 환희심이고 지혜이다.

누군가와 얘기할 때나 들을 때에도 부지런히 바쳐라. 상대가 화가 나서 얘기할 때에도 바치면서 듣게 되면 상대가 쉬게 되고, 바치면서 얘길 하게 되면 감정이 조절되고 더 밝은 지혜가 떠오른다. 호흡을 들이마시고 내쉬는 그 순간에도 바친다는 마음으로 부지런히 바쳐야 한다.

해탈성불을 위해서는 우리 자신의 모든 것, 몸과 마음, 기쁨과 슬픔, 고통과 근심, 오욕五慾 팔고八苦도 모두 바쳐야 한다. 그러면 평안이 오고 법열이 생긴다. 이것은 항상 부처님과 함께 하는 것으로, 부처님과 잠시라도 떨어지게 되면 일시에 번뇌와 망상이 생기게 된다.

올라오는 분별은 모두가 내 마음일 뿐이므로 얼른 부처

님께 바쳐야 한다. 부처님께 바친다는 그 마음도 그 여운 마저도 모두 바쳐야 한다. 절대 부처님 공경하는 마음으로 공부하여야 한다. 부처님 소리만 들어도 합장하고 무조건 절하는 마음이어야 한다. 부처님을 대상으로 그리지 말고, 그저 부처님- 하는 마음을 향하여, 부처님을 친견하는 용심用心으로 공부하여야 한다.

절하는 것이나 불공을 드리는 것은 절이나 물건을 통해 자기 마음 바치는 연습을 하는 것이다. 그런데 절을 하며 마음을 빼어, 마음 없는 등상불에 붙여놓는 경우가 있다. 등상불은 법신불(모습을 떠나 진리 자체로 계신 부처님)을 상징하는 것임을 알고, 공경을 다해 예배하고, 부처님- 하는 그 마음에 대고 절해야 할 것이다.

금강경의 중요한 대목을 보통 '응무소주이생기심應無所住而生其心, 머무는 바 없이 마음을 내라'이라고 이야기 한다. 그러나 그것은 이미 다 이룬 경지나 다름없다. 닦아가는 입장에서 보면 내 마음속에 팔만사천의 업장이 꽉 차 있는데 어떻게 '응무소주이생기심'을 바랄 수 있는가. 올라오는 감정이나 생각에 끌리지 않고 생각 하나하나를 바쳐서 항복받다보면 '응무소주이생기심'은 차차로 된다.

금강경을 읽고 마음 닦는 사람들은 누가 스승을 비방하면 어떻게 해야 할까. 자기 마음 들여다보고 거기에 대고 미륵존여래불, 미륵존여래불, 미륵존여래불…… 하며 흥분되는 마음을 바쳐야 할 것이다. 모든 세상의 모습은 다 제 마음의 그림자일 뿐이다. 그러므로 항상 제 마음 들여다보고 무엇이든 제 마음에서 찾고 마음 밖에서 구하지 말 것이다.

마음 닦는 집안에서는 보통 분별망상을 놓아라, 끊어라, 버려라, 쉬어라고 가르치지만 백 선생님께서는, "내가 아무 힘도 없이 무슨 방법으로, 마음 깊숙이 숨어 있다가 올라오는 거센 업보와 번뇌를 놓고 끊을 수 있겠는가. 내가 끊겠다면 오히려 아상 연습이니 번뇌와 업보를 부처님 전에 공경심으로 바쳐야 한다."고 말씀하셨다.

백 선생님 말씀에, "번뇌를 공양 올리면, 공양 올린 공덕을 짓고, 부처님에 대한 공경심이 연습되면 주고받는 업보의 그늘이 해탈되어 밝음을 이룰 수 있으니, 지금 바로 이 순간 내 마음을 부처님 전에 공경심으로 드려라."

마음속을 늘 들여다보는 연습은 공부의 근본이다. 남과 대상을 보지 말고 내 마음속을 잘 들여다보면, 마음이 빠져 나와 거리의 사람들을 따라가 버리지 않는다. 마음이 늘 바치는 공경심과 함께 있을 때가 방심치 않는 경우일 것이다.

내면의 세계에서 게으름, 악심, 애욕 등 근본 업장들이 언제 튀어 올라올지 모르니 살얼음 위를 걷는 사람처럼 방심은 금물이다. 방심은 마음 들여다보는 일을 게을리

한다는 말이다.

　자신의 굽어진 마음을 바르게, 얕은 마음을 깊게, 좁은 생각을 넓게, 모난 생각은 원만하게, 어두운 생각을 밝게 바꾸어 나가려면 자신의 부족을 깨치는 지혜가 앞서야 할 것이다. 인간적인 모든 선입주견은 옳지 않은 줄 알고 그것을 바치는 데서 지혜는 크게 자란다.

　업장하고 맞대결하지 마라. 업장은 수억 천만 생 연습해서 크고도 단단하고, 그대는 아직 닦는 법이 안 섰는데 업장에 맞서겠다고 하면 그대가 깨진다. 그건 계란 가지고 바위를 치는 격이다. 공경심을 내면 업장이 그냥 녹아내린다. 그러니 앞에 석가여래불이 계신다고 생각하고 공경심을 내서 바쳐라. 억지로라도 공경심을 내서 바쳐라. 공경심은 밝음으로 확 뛰어 들어가는 경지이다. 바치기 전에 업장이 막 올라올 때도, 바로 앞에 부처님이 계신다고 생각하고 공경심을 그득히 내서 바치다보면 얼마 안

가서 그 마음이 없다. 내가 이 업장을 닦겠다고 하지 말고 진실한 마음으로 그냥 부처님— 하고 바쳐보라. 마치 어두운 방에 전등 스위치를 켜는 것과 같을 것이다.

　백 선생님 말씀에 "마음속에서 올라오는 네 마음을 부처님 전에 바쳐라. 바치는 것은 자기 마음속에서 일어난 공경심이지, 거기 누가 요구한 것도 아니니라. 공경심으로 상응되지 않으면, 있다 없다가 된다. 자꾸 바쳐서 공경심으로 상응되어 자연히 알아지고 실천되어야 한다. 부처님 전에 공경심을 내면 증거가 없으니 상이 없다. 공경심이 날 때 법계에 가득한 법문을 듣는다."

　닦는다는 것은 자꾸 비우는 것이다. 내 마음의 욕심과 성내는 마음과 잘난 줄 착각하는 무지한 마음, 이 삼독심三毒心을 베푸는 실행을 통해, 미륵존여래불 바치는 실행을 통해, 하심하는 실행을 통해 비우고 또 비우는 것. 남보다 많이 가지려 하고 남보다 높아지려 하고 남을 이기

려 하는 것이 아니라, 남에게 양보하고 남을 존중해주고 남을 배려하는 것. 이렇게 해서 자기를 비우고 자기를 낮추는 것이 닦는 것이다.

부처님께서는 법을 취하지도 말며, 법 아닌 것도 갖지 말라고 하셨다. 법을 들었으면 들은 그대로 실행할 뿐이다.

7. 삶의 목표

남을 이익하게 하면서 자기도 밝게 사는 것이
삶의 목적이어야 한다
주위와 나라를 위해 무엇을 기여할 것인지
생각하는 것이 정도(正道)이다

마음은 영원한 자신의 재산이고 미래이다. 마음속에 도사린, 나를 불행하게 하는 업장을 닦는 것은 결코 허무하지 않은 일이다.

장점은 연습하고, 단점은 고치는 것이 수행이다.

시봉이란 부처님을 받들어 모심을 말한다. 수도는 시봉하는 마음이 바탕이 되어 있을 때 비로소 밝고 완벽해진다.

무엇하나 원대로 아닌 것이 없다. 부처님 전에 세운 간절한 원은 언젠가는 그대로 이루어지므로 항상 밝고 크게 세워야 한다. 또 밝은 삶을 육신으로 실행해야 한다.

우리가 세울 수 있는 가장 밝고 큰 원은 부처님 시봉하겠다는 서원이다. 부딪히는 일마다, 이 일이 밝게 해결되어 부처님 기쁘게 해드리길 발원. 만나는 사람마다, 이 사람이 신심발심해서 부처님 시봉 잘하길 발원. 올라오는 이 생각 저 생각에 밝은 지혜가 나서 부처님 잘 모시길 발원하고, 심지어 하늘을 보고도 나무를 보고도 신심발심하여 부처님 시봉을 밝은 날과 같이 복 많이 짓기를 발원하면, '나'라는 아상이 해탈되고 부처님 시봉하는 큰 흐름을 타게 되니 저절로 불사佛事다.

부처님을 시봉하기 위해 사람들을 만나고 도운다면, 부처님의 밝음을 증하지 사람들의 어두운 그늘을 증하지 않는다. 또 내가 도와주었다는 애착을 남기게 되면 대가를 바라는 마음이 생겨 상대에게 얽매이고, 심지어 준 것을 받기 위해 그 집에 태어나는 경우도 있다. 또 내가 널 도와준다는 아상의 독한 기운이 상대를 자극하게 되어 도움을 받는 사람 마음에 거부감과 수치심을 일으키기도 한다. 그러나 부처님 기쁘게 해드리기 위한 시봉의 마음에는 아상이 없기에 상대에게 파장도 일으키지 않는다.

부처님이나 예수님을 자기 생각 정도로 그려 우상으로 만드는 경우가 많다. 그것은 다 자기 정도의 생각에 불과하다. 한 마음의 대승大乘은 '부처님을 밝게 시봉하겠습니다.' 하는 마음이다. 마음 닦는 이들 모두가 자기의 생사문제를 해결하려고 하나, 생사는 생사에 맡기고 우선 부처님을 잘 공경해야 한다. 생사문제를 자기가 해결해보겠다고 하는 것도 아상 연습이므로.

내가 중생을 어루만지고 제도하겠다고 한다면 그건 큰 아상이다. 이는 내 마음이 부처님을 향하지 않고 중생을 향하게 되니 자칫 그 업장만 증하여 자신이 그렇게 되기 쉽다. 진실로 보살행을 행하려면 우선은 부처님의 마음을 기쁘게 해드려야겠다는 마음바탕이 있어야 한다. 자기가 한다는 생각을 부처님께 바치고, 또 지은 공덕도 다 바치면서 겸허하게 부처님 시봉하는 자리에 서는 이가 참다운 보살이 아닐까. 우리 모두는 바치고 시봉할 따름이요, 중생제도는 오직 부처님의 일이다.

내가 공부하고 내가 밝아져야 하고 내가 업장을 닦는다는 생각으로 공부하면, 나의 아상과 주위 사람들의 아상이 서로 부딪쳐서 괴로울 것이다. 그러나 부처님 위해 법시간 지키고 이 마음 바칠 수 있다면 매사는 한결 부드러울 것이다. 세상은 원래 조용한 것인데 자기의 분별 때문에 소란스럽고 괴로운 것이다.

무슨 일을 하든지 부처님 시봉을 위해 하면 된다. 밥 먹을 때, 누구를 만날 때, 마음이 흐트러지는 그때그때마다

'부처님 시봉 위해', '부처님 기쁘게 해드리기 위해' 한다고 연습하는 것이다. 부처님만이 업보가 없는 당처이다. 부처님을 향해야 응무소주가 되지, 그냥 무심히 하면 알지 못하는 사이에 자기 업보를 향한다.

금강경에서는 누차에 걸쳐 이 경을 수지독송하거나, 다른 사람을 위해 이야기해주면 공덕이 헤아릴 수 없다고 말씀하셨다. 그러나 이와 같은 밝은 부처님의 말씀을 남에게 전해주는 경우에도 자기가 그렇게 했다는 생각은 바쳐야 한다. 그 생각은 허망한 것이기 때문이다.

무슨 일을 하던 부처님 기쁘게 해드리기 위해 한다면, 그게 바로 상에 머물지 않고 보시하는 방법이다. 그것은 성경에서 "마음이 가난한 자는 복이 있나니. 천국이 저희 것이라."고 한 것처럼 마음이 자유스럽고 제한이 없어 우주와 내가 하나가 되며, 그 공덕은 헤아릴 수가 없는 것이다.

모두들 내 육신 시봉하고 내 가족 시봉하느라 바쁜 마음들을 부처님 전에 바치고, 한번쯤은 죽음 앞에 선 자신의 적나라한 인생을 살펴볼 일이다. 과연 나는 어떻게 살고 있는가. 무엇을 위하여 아등바등하며 살고 있는가. 무엇을 위해 살다가는 인생인가 하고…….

 부처님 시봉하기를 원 세운다면 그이의 몸과 마음이 부처님 시봉으로 꽉 찰 것이요. 부처님께 복 지을 원을 세워 실천하면 그이가 복을 받을 것이다. 그래서 밝은이는 이렇게 원을 세우신다. "모든 중생들이 무시겁으로 지은 업보업장 해탈탈겁하고, 모든 재앙은 소멸하며, 소원은 성취해서, 세세생생 부처님 시봉을 밝은 날과 같이 복 많이 짓기를 발원."

 나를 위해, 내 생각대로 사는 것은 지혜를 가로막는 일이다. 내 마음속에 올라오는 생각은 버려도 아까울 것 없으니 부처님께 정성껏 바쳐라. 바치는 마음 연습하여 남을 위해 살고 부처님 잘 모시는 삶을 산다면, 그 마음이 우주에 가득 차서 부처님께서 기뻐하시지 않겠는가.

'나'라고 하는 놈은 무엇이든 붙잡아야지 그냥은 못 배긴다. 그놈 때문에 우리가 고통과 윤회의 중생계를 벗어나지 못하고 있지 않은가. 모든 것을 부처님께 바치면 거기에는 아만과 아집이 없으므로 시기, 질투, 명예를 위한 다툼이나 이권을 위한 싸움도 없고, 오직 공경심과 환희심으로 밝은 상락아정常樂我淨의 불국토이다.

부처님 모시는 마음이면 '나'라는 고통이 없다. 시봉에는 '나'란 것이 용납되지 않기 때문에 그 순간만큼은 모두가 극락이고 밝은 일 뿐이다. '나'란 것은 몸뚱이이면서 고통이기 때문이다.

공경 받는 대상인 '부처님' 따로, 공경하는 주체인 '나' 따로, 그렇게 보아서는 안 된다. 절대공경의 자리에는 '나' 란 것이 없으므로 따로 갈라질 것이 없다. 그러므로 부처님을 대상으로 그리지 말고 그저 부처님- 하는 그 마음을 향해 절하고 부처님- 하는 그 마음을 향하여 부처님 친견하는 용심으로 공부하라.

　사슴은 숲속에서 먹이를 찾아 여기저기 다닌다. 그와 같이 지혜로운 사람들은 홀로 있는 자유를 찾아 무소의 뿔처럼 혼자서 가라! 어리석은 벗들은 좋아하지 않는, 홀로 있는 자유를 찾아 무소의 뿔처럼 혼자서 가라! 총명하고 예의바르고 어진 동반자로 벗을 삼는다면 어떠한 난관도 극복하리니, 기쁜 마음으로 생각을 가다듬고 그와 함께 가라. 그러나 그러한 동반자로 벗을 사귈 수 없다면, 마치 정복한 나라를 버리고 가는 왕과 같이, 무소의 뿔처럼 혼자서 가라! 소리에 놀라지 않는 사자와 같이, 그물에 걸리지 않는 바람과 같이, 무소의 뿔처럼 혼자서 가라!

- 숫타니파타 중에서 -

밝음을 하나하나 이루어 가는 이들은 내면적인 충실을 위해서 무엇보다도 밖의 일에 혼란스럽지 않아야 한다. 마음 밖의 모든 일들을 쉬면 내면세계의 깊숙한 곳에 있는 닦을 거리들은 더욱 또렷하게 보인다. 그렇게 공부가 익어서 아상이 없어진 이는 허공처럼 조용하다.

마음의 향내는 과향果香보다 진하다. 생선을 묶었던 새끼줄에서는 비린내가 나고 향을 쌌던 종이에서는 향내가 난다. 탐·진·치 삼독심이 비린내라면 밝은 마음, 아름다운 마음은 향내일 것이다. 과연 내게선 어떤 냄새가 날까? 한번 생각해 볼 일이다.

닦지 않은 지혜가 있을 수 없고, 짓지 않은 복이 있을 수 없다. 정신에 미안치 않는 것이 지혜이며, 육신에 미안치 않는 것이 복이다.

금강경을 읽기만 한다고 다 잘살고 재앙이 없는 것은

아니다. 절대 죄를 짓지 않으며, 과거 생에 지은 업장은 절대 닦으려고 노력하고, 어떤 형태로든지 복을 지으려고 애를 써야 살림이 늘어가고 재앙이 없어지는 것이다. 닦고 복 짓지 않는 것은 인생을 낭비하는 것이며 그 미래는 내리막이다.

저녁에 잠자리에 들기 전에 생각해보라. 남에게 가슴 아픈 말을 하지는 않았는지, 어떤 형태로든지 남에게 손해 끼치는 일을 하지는 않았는지. 만일 하루에 두 가지 나쁜 일을 했으면 그것을 만회하기 위해서 세 가지 좋은 일을 하고 자야 할 것이다. 그래서 그날 하루는 그날 하루의 결과로 끝내야 한다. 오늘 나쁜 일 두 가지를 했는데 내일 좋은 일 세 가지를 하겠다고 한다면 진리답지 않은 삶이다. 오늘은 오늘로 매듭을 지어야 한다. 하루하루를 매듭 지어가며 사는 사람은 내생이 정말 좋지 않겠는가.

부처님의 가피가 있는 곳, 밝은 기운이 있는 도량은 계행을 지키고, 열심히 닦고, 부처님 전에 복 짓는 사람이 있는 곳이다.

 자기와 가장 가까운 중생은 가족이 아니라 자기 육신이다. 육신이 자기가 아니고 정신이 자기이기 때문이다. 그런데도 우리는 수천 억만 생을 육신이 자기인 줄 알고 오욕락(재욕, 성욕, 음식욕, 명예욕, 수면욕)을 추구하며 육신의 노예가 되어 살아왔다. 부처님을 향할 때 정신을 위해 살게 된다.

 공경심이 나지 않더라도 억지로라도 공경심을 연습해 보아야 한다. 마음은 길들이기 나름이니, 연습을 자꾸 하는 것이 중요하다. 남을 흉보는 마음을 연습하면 자꾸 남을 흉보게 되고, 악심을 연습하면 자꾸 악심이 나오며, 아이를 가르치는 데도 한번 매를 들기 시작하면 자꾸 매를 들게 되듯이, 공경심을 연습하다보면 마음이 차츰차츰 공경스러워진다. 마음에 공경심을 그득 연습하면 그 얼굴도

티 없이 순수하고 밝아진다.

　상대를 부처님으로 보라. 부인은 남편을 부처님으로 보고 남편은 부인을 부처님으로 보며, 또한 직장동료를 부처님으로 보고, 이웃사람을 부처님으로 보라. 그 순간에 내 마음에 그득한 보람과 부처님 광명의 마음이 얼마나 우리를 편안하게 하며, 과거 생 찌든 업장을 녹이는가. 상대를 부처님으로 보는 순간에 느끼는 환희와 공경심. 그것은 어떤 경제적인 부나 인생의 쾌락과도 바꿀 수 없는 것이다. 이 기쁨을 내면으로 만끽하면서 빙그레 미소 짓고 사는 사람은, 바로 보살심을 연습하고 보살행을 하며 보살도를 닦는 사람일 것이다.

　따뜻한 곳은 부처님밖에 없다. 중생은 이해관계 때문에 다 차다. 결혼할 때는 외로워서 짝을 찾는데, 짝을 찾아도 외로운 마음은 그대로이다. 이 외로움은 자기가 닦지 않으면 해결할 수 없다. 이생만 그런 것이 아니라 다음 생,

그 다음 생도 그렇다. 밖에서는 외로움을 달래기 위해서 직장 끝나면 술 마시고 왁자지껄 정신없게 어울리지만, 술이 깨서 제 정신이 돌아오면 외로움은 그대로 남는다. 그 순간에는 바쁘니까 외로움이 안 드러나는데 사람들이 가고 나면 외로움은 그대로 남는다. 닦아야만 해결될 것이다. 그러니 영생토록 나와 부처님과의 대화의 채널이 아주 크게 연결되도록 하는 방법을 빨리 개발해야 한다.

법당에 가더라도 부처님 마음을 기쁘게 해드리기 위해서 간다고 생각하라. 모두 자기 좋으라고 법당에 가는데, 만일 부처님 마음 기쁘게 해드리기 위해서 갈 수만 있다면 이것은 엄청난 것이다. 천생을 살아도 중생의 태를 못 벗는데, 빈 마음이라도 부처님 마음 기쁘게 해드리겠다는 생각을 하면, 그게 사람의 마음속에 있을 수 없는 생각을 있게 해서 선근이 자라서 업장을 다스리게 하는 것이다.

그 사회의 병리현상이 모두 정신이 썩은 데서 나온다.

심성이 타락한 데서 공장매연도 나오고 성추문과 환경오염도 나온다. 그런데 그 오염된 환경의 후손이 누구인가. 바로 다음 몸 받는 생의 여러분이다. 인과란 한 호리의 오차도 없다. 많이 버린 이가 많이 받는다. 그러니 미래에 그렇게 될 원인을 미리 닦고, 그런 썩은 정신을 치유하기 위해서 빈 마음이라도 부처님 기쁘게 해드리겠다는 마음을 내라. 더 밝은 광명의 세계에 한 걸음 더 내딛기 위해서, 내 마음을 광명의 세계로 내딛지 못하게 하는 이 업과 속박의 업장을 벗어나기 위해서, 빈 마음일망정 법당에 가는 것도 부처님 마음을 기쁘게 해드리기 위해서 간다는 생각을 하라.

자기가 없어야 부처님과 바로 통한다. 내가 없으면 바로 광명이고 지혜고 밝음이다.

공부라는 것은 부처님 광명을 향해서 영혼을 밝히는 것.

금강경에 '여래실지실견시제중생如來悉知悉見是諸衆生' 이란 말씀이 있다. 여래는 이 지구상의 70억 인구뿐만 아니라 많은 동물들, 식물들을 다 보시고 아신다고 하셨다. 또 '이소국토중소유중생爾所國土中所有衆生의 약간종심若干種心을 여래실지如來悉知하시나니', 즉 모든 사람들이 순간순간 마음 일으키고 궁리하는 것도 다 아신다고 하셨다. 우리가 부처님 광명과 같이 있는 것이다. 직장에 있든, 거리에 차를 몰고 가든, 집에 있든, 부처님은 다 아시고 다 보고 계신다.

공부를 하겠다, 업장을 닦겠다고 하는 것이 얼마나 좋은 생각인가. 이 세상에 그런 사람도 희귀하다. 그런데 내가 내 공부를 한다, 내가 내 업장을 닦는다고 하면 공부되기가 어렵다. 왜냐하면 내가 공부하고 닦아서 밝은 경지로 가겠다는 생각에는 아상이 숨어있기 때문이다. 아상·인상·중생상·수자상을 닦으면 곧 부처님이라는 말씀이 금강경에 나오는데, 나를 근본적으로 없애는 첩경이 무언가 하면 부처님 마음을 기쁘게 해드리기 위해서 살고, 공부 하려는 목적도 부처님 마음을 기쁘게 해드리기 위해서 공부하려고 노력하는 것이다. 보통 내가 도통하겠다, 내가 한소식 하겠다고 하는데 그러면 한소식이 힘들다. '나'를 빼야 한 소식이 된다. 나를 빼는 방법이 바로 부처님 마음을 기쁘게 해드리기 위해서 하는 것이다. 그런데 마음에 부처님도 안 계시고, 내가 도통하겠다고 하면 천년만년 해도 적막강산이다.

공부하는 사람들은 대충 내가 공부를 잘해서 주위를 깜짝 놀라게 해야 되겠다는 생각인데, 그러면 공부가 안 된다. 공부란 업장 닦는 과정을 말하는 것이지, 공부의 결과가 이루어지고 도가 높아지는 것에 마음을 두면 아주 위험하다. 공부하는 사람들이 보통 이런 생각을 옳다고 생각하지만 밝은 자리에서는 옳지 않다. 몇 생을 닦아도 안 된다. 내가 없는 경지, '나'란 아상이 녹아내리는 그 자리가 공부다.

부처님을 친견하도록 공부하라. 부처님께서 기뻐하실 생각과 행위를 하라.

공경심을 개념으로 생각하려고 하지 말고, 상대를 부처님이라고 크게 믿고 보면, 공경심이 나면서 자기 마음에 변화가 생긴다.

내가 강하면 강할수록 고통스럽고 부딪치는 게 많다. 내가 없고 부처님만 모신다면 그냥 밝고 즐거울 뿐이다. 부처님 모신 공덕으로 마음이 편안하고 나를 모시는 공덕으로 세상살이가 고달프다. 편안한 마음이니 하는 행동도 하는 말도 편안하다. 나란 아상이 없다.

자기의 맑은 영을 사랑하는 사람이라야 진실로 자기를 사랑하는 사람이고, 자기의 맑은 영을 사랑하는 사람이라야 나라를 사랑할 수 있다. 나라를 사랑한다는 것은 그 나라에 속한 많은 사람을 사랑한다는 말이며, 그 마음은 보살심이다.

 수행자라고 한다면 계를 지키고 자기 마음을 깨끗하게 닦아서, 그 닦은 마음의 공덕과 훈기로, 다른 이들의 고통을 쉬게 하는 능력을 갖추어야 한다. 남을 이익하게 하면서 자기도 밝게 사는 것이 삶의 목적이어야 한다. 주위와 나라를 위해 무엇을 기여할 것인지 생각하는 것이 정도正道이다.

 자기 이익과 자기 욕심, 자기 명예를 바쳐서 다스리면서 많은 사람을 위해서 기꺼이 헌신하고 봉사하는 것이 보살도를 닦는 것이다.

 공부하는 사람은 나의 마음도 잘 닦아야 하지만 남의 아픔과 괴로움을 덜어주기 위해 부처님 전에 원을 세우고 기도하는 자비심도 늘 연습해야 한다.

선행하고 공덕 짓는 일을 자꾸 실천해서 마음에 기쁨이 그득한 것이 인생의 진정한 기쁨이다.

성현의 말씀

선을 선하게 여김은 길게 해야 하고
악을 미워하는 것은 짧게 해야 한다

- 세종대왕 -

옷을 기울 때는 짧은 바늘이 필요하고,
긴 창이 있어도 그것은 소용없다.

비를 피할 때는 작은 우산이 필요하고
온 하늘을 덮는 것이 있어도 소용없다.

그러므로 작다고 가벼이 볼 것이 아니다.
그 근성根性을 따라서는
크고 작은 것이 다 보배다.

원효(元曉)

해는 더운 것으로써 그 성품을 삼고,
달은 찬 것으로써 그 성품을 삼는다.
만약 해만 있고 달이 없다면
모든 종자의 싹은 마르고 타서
능히 살아 열매 맺지 못하고,
또 만일 달만 있고 해가 없다면
모든 종자의 싹은 곧 썩어 능히 싹트지 못한다.

원효(元曉)

자기가 조금 들은 바 좁은 견해만을 내세워, 그 견해에 동조하면 좋다고 하고, 그 견해에 반대하면 잘못이라고 하는 사람이 있다. 그런 사람은 마치 갈대구멍으로 하늘을 보는 것과 같아서, 갈대구멍으로 하늘을 보면 좋다고 하고, 그렇지 않은 사람은 하늘을 보지 못하는 자라고 한다. 이런 것을 일컬어 식견이 적은데도 많다고 믿어서 식견이 많은 사람을 도리어 헐뜯는 어리석음이라고 한다.

원효(元曉)

선을 선하게 여김은 길게 해야 하고,
악을 미워하는 것은 짧게 해야 한다.

세종대왕

오늘만 아니라 먼 옛날부터
사람들은 서로 헐뜯었다.

말이 많아도 비방을 받고,
말이 없어도 비방을 받고.
비방 받지 않는 사람 세상에 없다.

비방만 받는 사람, 칭찬만 받는 사람,
없었고, 없고, 또 없을 것이다.

칭찬도 비방도 속절없나니,
모두가 제 이름과 이익을 위한 것.

법구경(法句經)

큰 집이 천간千間이라도
밤에 눕는 곳은 여덟 자이고,
좋은 밭이 만경萬頃이라도
하루에 먹는 것은 두 되뿐이다.

명심보감(明心寶鑑)

하루 착한 일을 행할지라도
복은 금방 이르지 아니하나
화禍는 스스로 멀어진다.

하루 악한 일을 행할지라도
화는 금방 이르지 아니하나
복은 스스로 멀어진다.

착한 일을 행하는 사람은
봄 동산에 자라는 풀과 같아서
그 자라나는 것이 보이지 않으나
날로 더하는 바가 있고,
악을 행하는 사람은
칼을 가는 숫돌과 같아서
닳아 없어지는 것이 보이지 않으나
날로 닳아 없어지는 바가 있다.

명심보감(明心寶鑑)

오이씨를 심으면 오이를 얻고
콩을 심으면 콩을 얻을 것이다.
하늘의 그물은 넓고 넓어서
보이지 않으나 새지 않는다.

명심보감(明心寶鑑)

꽃다운 나이는 두 번 거듭 오지 아니하고
하루는 다시 새벽이 없나니,
젊었을 적에 학문에 힘쓰라.
세월은 결코 사람을 기다려주지 않는다.

명심보감(明心寶鑑)

복은 맑고 검소한 데서 비롯되고,
덕은 낮추고 겸손한 데서 갖추어지며,
도道는 편안하고 고요한데서 이루어지고,
생명은 화창한 데서 생긴다.

근심은 욕심이 많은 데서 생기고,
재앙은 탐욕이 많은 데서 비롯되며,
과실은 경솔하고 교만한 데서 생기고,
죄악은 어질지 못한 데서 비롯된다.

눈을 경계하여 다른 사람의 그릇된 것을 보지 말고
입을 경계하여 다른 사람의 결점을 말하지 말고
마음을 경계하여 탐내고 성내지 말며
몸을 경계하여 나쁜 벗을 따르지 말라.

명심보감(明心寶鑑)

은혜를 베풀거든 그 보답을 바라지 말고
남에게 주었거든 나중에 후회하지 말라.

명심보감(明心寶鑑)

만약 남이 나를 중하게 여기기를 원한다면
내가 남을 중하게 여기는 것보다 더한 것이 없다.

명심보감(明心寶鑑)

청산은 나를 보고 말없이 살라하고
창공은 나를 보고 티 없이 살라하네

사랑도 벗어놓고 미움도 벗어놓고
물같이 바람같이 살다가 가라하네

청산은 나를 보고 말없이 살라하고
창공은 나를 보고 티 없이 살라하네

성냄도 벗어놓고 탐욕도 벗어놓고
물같이 바람같이 살다가 가라하네

나옹(懶翁)

지은이 / 김재웅

저자는 1966년 경기도 소사 도량에서 백성욱 선생님을 모시고 수도생활을 시작하여, 7년 6개월간 도량에서 상주하며 치열하게 정진하였다. 1973년 경북 포항에서 금강경독송회 법회를 시작한 이래 2개의 수행 도량을 포함하여, 국내외에 15개 법당과 지부를 이끌며 수행을 이끌어 왔다. 지은 책으로는 『닦는 마음 밝은 마음』(1989), 『머무는 바 없이 마음을 내라』(1992), 『그 마음을 바쳐라』(1995), 『마음 닦는 법』(군 부대용, 1998), 『닦는 마음 밝은 마음(개정증보판)』(2013)이 있다.

마음 닦는 법

초판 1쇄 발행 2013년 3월 1일
2판 1쇄 발행 2023년 3월 10일
지은이 김 재 웅
펴낸곳 도서출판 용화
신고번호 제 504-2022-000011호
전화 054-261-2231
ISBN 978-89-969357-2-1 (03040)

정가 10,000원

ⓒ 청우불교원 금강경독송회 2023

이 책은 대한민국 저작권법의 보호를 받는 저작물입니다.
이 책의 저작권은 (사)청우불교원 금강경독송회에 있으며, 저작권자로부터 서면에 의한 허락 없이 내용의 일부나 전체를 어떠한 형태로도 재가공할 수 없습니다.

1997년 김재웅 법사님께서 인도 다람살라 사원에서 티베트 승왕 14대 달라이라마를 만나 『닦는마음 밝은마음』 영문판을 전하셨는데, 이를 읽고 달라이라마께서 직접 쓴 영문 서문을 번역한 글입니다.

인간은 누구나 행복을 원하고 고통을 피하고 싶어 하면서도 끊임없이 근심, 질병, 기근, 그리고 결국 죽음을 야기하는 활동에 참여하고 있다. 이러한 세상에서 소수의 사람들이라도 비록 짧은 시간이나마 내면의 평화를 창조할 수 있다면 참 보람된 일일 것이다.

그런 선의(善意)를 추구하는 독자들은 이 책에서 소중한 조언을 얻게 될 것임을 나는 확신한다.

– 달라이 라마(His Holiness the 14th Dalai Lama)

다음은 아마존(세계 최대 인터넷 서점 www.amazon.com) 등 인터넷 서점에 남겨진 『닦는마음 밝은마음』의 외국인 독자 서평을 번역한 것입니다.

독자 1. "이 책을 진심으로 모든 사람에게 권한다."

나는 이 책의 독자이고 현재 수행을 하고 있다. "바치는 법"은 부정적인 마음을 긍정적인 마음으로, 편협한 마음을 관대한 마음으로, 어두운 마음을 밝은 마음으로, 차가운 마음을 따뜻하고 편안한 마음으로 바꿀 수 있도록 하는 실천적인 수행법이라고 생각한다. 정말로, 귀한 보물을 얻은 느낌이다.

독자 2. "흥미롭고 실질적이다."

정말 이 책은 다른 각도로 세상을 보게 해준다. 당신은 이 책을 통해 당신 자신으로부터 자유로워지는 힌트를 얻을 수 있을 것이다.

독자 3. "모든 고통에 어떻게 대처해야 할지 알려준다."

이 책을 다 읽었을 때 드디어 어두운 밤중에 불빛을 만난 느낌이 들었다. 책을 읽는 동안 나의 마음은 평온했고 "모든 마음을 부처님께 공경심으로 바치는" 실천을 통해 나도 내 삶 속에서 자유를 찾을 수 있겠다는 강한 느낌을 갖게 되었다.

독자 4. "당신은 평화로운 마음을 갖길 원하는가?"

이 책은 나에게 '빛'이었다. 이 책에서 나는 일상의 괴로움을 극복하는 방법과 어떻게 다른 사람을 배려하고 어떻게 나의 마음을 수련하며 일상생활에서 어떻게 행동해야 하는지를 발견하였다. 김재웅 법사님의 가르침은 분명 평화로운 마음에 이르는 지름길이다.

독자 5. "돈보다 마음"

나는 나의 종교 공부와 실천에 전심을 다하는 가톨릭 신자이다. 하지만 나의 정신적 진리탐구의 경험을 천주교 교리에만 한정시키지는 않는다. 김 법사님은 이 세계, 특히 미국 사회가 필요로 하는 것들을 말해준다. 우리 사회는 '나(I)' 라는 개념과 표면적이고 물질적인 것만을 지나치게 강조한 나머지 우리 자신의 마음 상태에 대해서는 눈이 멀게 되었다. 미국 사회에는 많은 문제가 있고 은행 통장 대신 '닦는 마음'의 가치를 찾을 필요가 있다. 개인적으로 불교를 믿지는 않지만 이 책에는 배울 것이 많이 있고, 자기 내면의 정신적 건강이 얼마나 중요한지를 인식하는 모든 이들에게 이 책을 적극 추천한다.

독자 6. "큰 그림을 얻다."

누구나 삶 속에서 마음이 전쟁터와 같다고 깨닫는 시점이 있다. '닦는 마음 밝은 마음'은 당신에게 안전벨트를 채우고 이 전쟁터를 뚫고 나갈 수 있도록 안내한다. 마음에 스며드는 이야기들과 방법론적인 가르침들, 소망을 이루는 방법, 인류를 위한 헌신을 통해 모든 존재에서 부처님을 발견하려는 저자의 노력, 깨달음이 인간 세상사에서 어떻게 작용하는지, 그리고 선한 삶의 전형이 어떠한 것인지를 읽으면서 경이로움과 불가사의함을 느꼈다. 내 영혼이 날아오르고 싶어 했는데, 그것은 내 자신의 전쟁터에서 돌파구를 찾을 수 있었기 때문이다.

이 책은 스스로의 약속을 지켰다. 마음을 밟혀 주었다!! 나는 큰 그림을 보았고, 책은 길을 보여주었다. 다이아몬드(금강) 김재웅 법사님의 다음 저작들이 기다려진다.

370면 | 영문판

닦는마음 밝은마음
영문판

글·김재웅

　김재웅 법사님의 『닦는마음 밝은마음(1989)』의 영문 번역서 Polishing the Diamond Enlightening the Mind는 1999년 출간되었습니다. 달라이라마가 서문을 쓰고 UCLA의 로버트 버즈웰 교수, 일본 동경대 찰스 뮬러 교수 등 해외 학자들과 수행에 관심 있는 많은 외국인 독자들에게 호평을 받으며 전체 미국 불교서적 베스트셀러 9위에 올랐는데, 이는 한국 문학의 영문 번역서조차 찾아보기 힘들었던 당시 미국 주류 출판 시장에서 성공한 최초의 한국 도서로 꼽힙니다.

문의: 도서출판 용화 054)261-2231

• 김재웅 법사님이 쓰신 다른 책

닦는마음 밝은마음
개정증보판

글·김 재 웅

국문 | 개정증보판

    1989년 첫 출간된 이래 49쇄 인쇄를 거듭해온 불교출판계의 스테디셀러『닦는 마음 밝은 마음』은 2013년 개정증보판이 발간되어 35년간 수많은 독자들에게 '인생 지침서' 역할을 해왔습니다.
   수행은 이론이 아니라 실천임을, 말과 글에 그치지 않고 직접 그대로 행동한 저자의 삶의 모습은 신선한 충격과 깊은 감동을 안겨줍니다. 티베트 승왕 14대 달라이라마는 "선의를 추구하는 독자들은 이 책에서 소중한 조언을 얻게 될 것임을 확신한다"며 이 책을 추천하였습니다.